AF382481

Peter Michael Dieckmann

Komm her, nimm Platz und bleibe

Dalmanuta Verlag

Peter Michael Dieckmann

Komm her

Nimm Platz

Und bleibe

Für die Schwestern des
St. Charles Convent Jerusalem

Herausgeber: Dalmanuta Verlag (dalmanuta-verlag.de)
Satz & Layout: Wolfgang G. Schneider (trimedia.de)
Coverdesign: Markus Kühn

Verlagslabel: Dalmanuta Verlag
ISBN Softcover: 978-3-384-11999-5
ISBN E-Book: 978-3-384-11998-8

Druck und Distribution im Auftrag des Autors:
tredition GmbH, Heinz-Beusen-Stieg 5, 22926 Ahrensburg, Germany

Bildnachweis:
©   Cover Vorderseite: Dalmanuta

Bibliografische Information der Deutschen Nationalbibliothek:
Die Deutsche Nationalbibliothek verzeichnet diese Publikation in der Deutschen Nationalbibliografie; detaillierte bibliografische Daten sind im Internet über http://dnb.d-nb.de abrufbar.

Alles fließt

ein und aus

im Einklang mit allem

zu werden was ist

in diesem Moment

In meinem letzten Buch hatte ich versprochen, dass es tatsächlich mein letztes sein würde. Nach insgesamt acht veröffentlichten Büchern, von denen sechs im größten Verlag der Welt erschienen waren, war ich am Ende meiner Autorentätigkeit angelangt. Dachte ich...
Doch nun spüre ich wieder den Drang zu schreiben. Den entscheidenden Impuls dazu gab mir im Sommer 2023 Schwester Gabriela in Jerusalem. Wie es dazu kam, möchte ich an späterer Stelle erzählen.

Solltest du dieses Buch in den Händen halten, hat mein kreativer Anfall lange genug angehalten, um es zu vollenden. Was am Ende daraus entstehen wird, weiß ich jetzt, da ich diese Zeilen schreibe, noch nicht. Ich bin also genauso gespannt wie du es (hoffentlich) bist. Du darfst jedoch sicher sein, dass du jetzt kein Kochbuch in den Händen hältst. Obwohl es dennoch um Rezepte geht: Rezepte vom Umgang mit dir selbst und deinem Leben.

Ich möchte dich dazu inspirieren, ein ganzer Mensch zu sein. Nicht ein besserer Mensch oder ein erleuchteter Mensch oder ein weiser Mensch, sondern schlicht und ergreifend ein ganzer Mensch. Ein Mensch, der sich traut, einfach nur er selbst zu sein! Mit all seinen Emotionen, Erfahrungen und Entscheidungen, den guten wie den schlechten. Ein Mensch, der bei sich selbst angekommen ist. Ein Mensch, der seinen Platz im Leben eingenommen hat und der beschlossen hat, zu bleiben!

Wenn du magst, halte kurz inne, schließe deine Augen und lass in dir das Gefühl entstehen: „Ich bin angekommen: In mir selbst und in meinem Leben.“

Inspirationen benötigen keine langen Erklärungen. Sie sollten das Herz berühren und weniger den Verstand. Wenn ein Text es nicht schafft, dass die Worte zu inneren Bildern werden, hat er sein Ziel verfehlt. Sobald eine Inspiration auf fruchtbaren Boden fällt, kann sie Wunder bewirken. Und dann ist es deine Aufgabe, das Wunder in die Welt zu tragen. Mit deiner Kraft, deinem Mut und deinem Vertrauen.

Das Schreiben der Texte ist mein Job. Ich verspreche, dass ich mir dabei Mühe geben werde. Für den "fruchtbaren Boden" in deinem Herzen jedoch bist du, lieber Leser, selbst zuständig.

"Ich brauche deine Offenheit, deine Bereitschaft und dein Vertrauen...", bitte ich zu Beginn meiner Seminare jeden Teilnehmenden.

Und nun, zu Beginn des Buches richte ich diese Bitte auch an dich.

Ich brauche

deine Offenheit,

     die Worte in dein Herz zu lassen,

deine Bereitschaft,

     sie dort wirken zu lassen,

und dein Vertrauen,

     dass sie wahr sein könnten.

"Wahr" nicht im Sinne der einzig gültigen Wahrheit, sondern im Sinne von "authentisch und gehaltvoll". "Richtig und Falsch" sind Kriterien des logischen Denkens. Ich würde mich freuen, wenn du dich für die Zeit des Lesens von diesen Kriterien lösen würdest. Denn ich weiß: Die Berührung des Herzens geht oftmals mit der Verwirrung des Verstandes einher. Wer schon mal verliebt war, weiß wovon ich rede.

Wenn ich auf mein bisheriges Leben schaue, stelle ich fest, dass die Zeiten der Veränderungen immer mit Zweifel und Verwirrung verbunden waren.

Auch wenn mein Herz spürte, in welche Richtung ich gehen sollte, war mein Verstand unklar. In Umbruchzeiten, die uns emotional stark beanspruchen, fällt es schwer, die Gedanken zu ordnen und ein Narrativ aufrecht zu erhalten, mit dem sich der Verstand wohl fühlt. Denn er fühlt sich nur dann wohl, wenn er alles unter Kontrolle hat. Oder, besser gesagt, wenn er glaubt, alles unter Kontrolle zu haben. Doch das Einzige, was der Verstand kontrollieren kann, ist das Narrativ, also die Story, die er sich selbst erzählt. Die Geschichte, wie alles ist, warum alles so ist, wie es besser sein könnte und so weiter. Das Narrativ ist statisch. Im Gegensatz zum Leben selbst. Sobald die Geschichte einstürzt, kommt alles in Bewegung. In Zeiten des Umbruchs werden wir wieder lebendig.

Der Titel dieses Buches beschreibt die Energiequalität von Kafernaum, dem Ort am See Genezareth, an dem Jesus auf seine ersten Schüler und Schülerinnen traf. Auch für sie begann in diesem Moment der ersten Begegnung mit ihrem künftigen Meister eine Zeit des Umbruchs und der Verwirrung.

Schon in meiner Kindheit und Jugendzeit faszinierte mich die Tatsache, dass vor zweitausend Jahren, in einer Zeit ohne Radio, Fernsehen oder soziale Medien, ein Mann in einem kleinen Dorf am Ende der Welt erschien und die Menschen dazu aufrief, ihre gewohnten Bahnen zu verlassen und sich ihm und seinem Projekt anzuschließen.

Ein kleiner Einschub: Der Begriff "Kaff" stammt tatsächlich von Kapernaum ab. Die eigentliche Bedeutung im Hebräischen lautet: Kfar Nahum, Stadt des Trostes.

Der Satz Jesu: "Folget mir nach!" beeindruckte den jungen Peter Michael zutiefst. Doch dann, im Jahr 2013, im Alter von 52 Jahren, stand ich zum ersten Mal in meinem Leben an diesem Ort, setzte mich an den See und spürte die wahre Energie der damaligen Botschaft:

"Komm her, nimm Platz und bleibe!"

Bleibe auch dann, wenn es stürmisch und schwierig wird. "Flüchte nicht vor dir selbst und den Herausforderungen deines Lebens."

Jedes meiner Bücher war wie ein eigenes Lebewesen, das im Verlauf des Schreibens zum Leben erwachte. Ich habe stets vermieden, vor dem Schreiben ein festes Konzept zu entwerfen. Stattdessen schrieb ich einfach drauflos, und das Buch enthüllte mir nach und nach, was es sein wollte.

Am Anfang dachte ich, dies würde ein Ratgeber für Selbstakzeptanz und Selbstvertrauen werden. Doch das Buch hatte einen eigenen Willen und zog mich in eine andere Richtung.

Es wollte zu einem spirituellen Werk werden, einem Buch, das das Mysterium des Lebens beschreibt. Ein Buch für die neue Zeit, nicht für die alte. Wir treten in eine Ära des neuen Bewusstseins ein, man könnte es als Erwachen bezeichnen. Die alten Fassaden bröckeln nicht nur, sondern brechen gerade vor unseren Augen vollständig zusammen. Dies zu erleben, ist manchmal schmerzhaft und erschreckend. Doch wenn alle Fassaden gefallen sind, können wir unbehindert in die Ferne schauen. Nichts wird mehr unseren Blick behindern. Wir sehen das, was wirklich ist.

Drei Vorstellungen - im wahrsten Sinne des Wortes - stehen wie hohe Mauern im Weg und verwehren uns den freien Blick:

Die Vorstellung des Endes.
Die Vorstellung der Trennung.
Die Vorstellung der Identität.

Die Vorstellung des Endes ist der Glaube an die totale Auslöschung des Bewusstseins im Moment des Todes. Die Angst, dass das ICH für alle Zeiten von der Bühne des Lebens verschwinden könnte.

Die Vorstellung der Trennung ist die Annahme, dass das ICH und das Leben, das ICH und die Liebe, das ICH und das Göttliche unterschiedliche Dinge sind. Die Ansicht, das Leben müsse beherrscht, die Liebe gewonnen und das Göttliche besänftigt werden.

Die Vorstellung der Identität ist die Story, die das ICH über sich selbst erzählt. Die Geschichte, wer es ist, wer es war, und wer es sein möchte.

Diese drei "Vorstellungsmauern" werden eines Tages in dir einstürzen. Dies ist so gewiss, wie die Tatsache, dass du gerade diese Zeilen liest.

Eines der treffendsten Jesus Worte dazu lautet:
"Wer sucht, soll weitersuchen, bis er findet, und wenn er gefunden hat, wird er bestürzt sein und wenn er bestürzt ist, wird er erstaunt sein und er wird herrschen über das All."

Es beschreibt seine eigene Erfahrung, die plötzliche Erkenntnis, dass es nur ein einziges ICH gibt. Das ist das größte Paradox: Unendlich viele, vermeintlich voneinander getrennte ICHs werden aus der Quelle des einen, allumfassenden ICH gespeist. Die Erfahrung des großen allumfassenden ICH in sich selbst verbunden mit der Feststellung, dass das kleine ICH nicht darin verschwindet, sich auflöst oder verloren geht, sondern in Einheit mit dem großen ICH weiter vorhanden ist, lässt einen Menschen zunächst erschrecken und dann erstaunen. Er erkennt: Es gibt nur ein Leben, nur ein Bewusstsein, nur einen Gott, nur ein ICH und all das in mir! "...und er wird herrschen über das All."

Jeglicher Glaube an ein Ende, an Trennung und an Identität fällt in diesem Augenblick in sich zusammen. Der Mensch erkennt, wer er wirklich ist. Es ist der Beginn eines neuen Selbstbewusstseins. Ein Selbstbewusstsein, das keine Angst mehr vor dem Ende hat. Ein Selbstbewusstsein, das sich nicht mehr vom Leben, von der Liebe und von Gott getrennt fühlt. Ein Selbstbewusstsein, das ohne Geschichte auskommt.

Jede Vorstellung blockiert den freien Blick. Egal, ob die Vorstellung schön oder hässlich ist. Daher hilft es nicht, eine vermeintlich „schlechte" Vorstellung gegen eine vermeintlich bessere auszutauschen. Auch mit der "guten" Vorstellung ist uns der freie Blick auf das versperrt, was wirklich ist:

Unendlichkeit!

"Komm her, nimm Platz und bleibe" ist eine Einladung an dein wahres Selbst. Du, in deiner ganzen Pracht und Größe, bist der Adressat. Und wer lädt ein? Wer ist der Gastgeber, wer ist die Gastgeberin? Wer sagt zu deinem wahren Selbst: "Komm her, nimm Platz und bleibe?"

Die Antwort lautet:

Es ist das Leben!
Es ist die Liebe!
Es ist die Unendlichkeit!

Und da nichts von dir getrennt ist, bist du es selbst. Du bist das Leben, du bist die Liebe, du bist Unendlichkeit. Dein wahres Selbst ist Absender und Adressat zugleich. Fehlen noch Ort und Zeit. Fangen wir mit dem Zeitpunkt der Erstellung an. Wann wurde die Einladung ausgesprochen? Du ahnst es nicht nur, du weißt es! Jetzt! In diesem Moment. Und wann findet der Event statt? Auch jetzt. In diesem Moment. Der Zeitpunkt der Einladung ist derselbe wie der Zeitpunkt des Festes.

Und wo in aller Welt ist nun dieser Platz, zu dem du kommen und an dem du bleiben darfst?

Wo ist die Unendlichkeit? Auch diese Antwort kennst du bereits.

Sie lautet:

HIER!

Wenn du magst, halte kurz inne und mache folgende kleine Übung: Schließe deine Augen und lege deine rechte Hand an dein Herz.

Nun stell dir zwei Fragen:

Erstens:

"Wann findet diese Berührung statt?"

Zweitens:

"Wo findet sie statt?"

Mache dir bewusst:

Es gibt nur einen Moment, in dem du das Leben berühren kannst: Jetzt!

Es gibt nur einen Ort, an dem du das Leben berühren kannst: Hier!

Dein Leben findet statt im unendlichen Hier und im ewigen Jetzt!

Dein Leben ist absichtsvoll und ziellos!

Du bist kein jemand und kein etwas, Du bist nicht, du geschiehst!

So wie das Wasser und der Wind und "Alles was ist".

Stell dir ein Meer vor. Ein Meer mit Ebbe und Flut.

Es ist Flut, und du stehst am Strand.

Du siehst das Wasser. Du kannst es hören und riechen.

Wenn du dich bückst, kannst du es mit deinen Händen fühlen.

Doch langsam, ganz langsam, zieht sich das Wasser zurück. Aus Flut wird Ebbe.

Ein Narr, der behaupte, es gäbe das Wasser nicht mehr.

Du stehst am Strand und spürst den Wind in deinem Gesicht.

Er bläst mal stärker und manchmal schwächer. Oft kannst du ihn pfeifen hören.

Ab und an ist es still um den Wind. Er bläst nicht, und er pfeift nicht.

Ein Narr, der behaupte, es gäbe den Wind nicht mehr ...

Du stehst am Strand und schaust hoch zur Sonne. Sie wirft ihr Licht auf das Meer, auf den Strand und auf dich. Doch so, wie sie morgens aufgeht, geht sie abends wieder unter. Aus Tag wird Nacht.

Ein Narr, der behaupte, es gäbe die Sonne nicht mehr ...

Du stehst am Strand und schaust hinauf zum Sternenhimmel.

Unzählige Sterne nachts am klaren Himmel. Sie zeigen dir Weite, sie zeigen dir Unendlichkeit. Doch manchmal bläst der Wind Wolken herbei.

Manchmal wird es dunkel am Himmel.

Ein Narr, der behaupte, es gäbe die Sterne nicht mehr ...

Du stehst am Strand und siehst das Leben in einer Möwe.

Du hörst sie rufen, siehst, wie sie startet und landet, sich manchmal treiben lässt im Wind. Doch eines Tages fliegt die Möwe nicht mehr.

Sie ruft nicht mehr, bewegt sich nicht mehr, ihr Herz schlägt nicht mehr.

Ein Narr, der behaupte, es gäbe das Leben nicht mehr...

Du stehst am Strand. Dir wird bewusst, dass du dich als "Ich" empfindest.

"Ich bin ich." Eines Tages verlässt du den Strand. Eines Tages gehst du weiter.

Ein Narr, der behaupte, es gäbe das "Ich" nicht mehr...

Wir leben in zwei Welten. Einerseits in der äußeren sichtbaren Welt, andererseits in der inneren unsichtbaren Welt. Zu der äußeren sichtbaren Welt gehört all das, was wir mit unseren Augen sehen und mit unseren Händen berühren können. Alles andere, und somit das meiste, ist Teil der unsichtbaren Welt. Unsere Gedanken, Gefühle, Erinnerungen und Träume sind unsichtbar. Auch unsere Hoffnungen und Befürchtungen, Wünsche und Sehnsüchte gehören zur inneren, unsichtbaren Welt. Erinnerungen sind innere Bilder der Vergangenheit, Hoffnungen und Sehnsüchte sind innere Bilder der Zukunft. Wo sind diese Bilder? Hier. Und wann sind sie? Jetzt, in diesem Moment.

Vergangenheit und Zukunft nennen wir Zeit. Auch sie ist Teil der unsichtbaren Welt. Wir haben Uhren, mit denen wir den Verlauf der Zeit messen können, aber die Zeit als solches ist unsichtbar. Zeit ist die Energie der unaufhörlichen Veränderung. Unser Verstand teilt die Veränderungen ein in ein Gestern und ein Morgen. Er hält die Zeit für etwas anderes, etwas außerhalb, getrennt von sich selbst. In Wahrheit fließt die Zeit durch uns hindurch. Sie ist untrennbar verbunden mit Allem, was ist.

Wenn du magst, unterbreche das Lesen an dieser Stelle, schließe deine Augen, stell dir vor:

> Die *Zeit fließt durch mich hindurch.*
> *Sie ist nicht getrennt von mir, sie ist Teil von mir.*

Alles findet statt im ewigen "Jetzt".

Die Zukunft ist noch nie in dein Leben getreten.

Das, was immer kam, war der jetzige Moment.

Die Dalmanuta Lehrerin Janina Fein zitierte in einem meiner Seminare ein Gedicht von Matt Haig:

> *"Wie man die Zeit anhält? Küssen.*
> *Wie man in der Zeit reist? Lesen.*
> *Wie man der Zeit entkommt? Musik.*
> *Wie man die Zeit spürt? Schreiben.*
> *Wie man die Zeit loslässt? Atmen!"*

Auch der Raum ist unsichtbar. Wenn du einem Menschen gegenübersitzt, siehst du ihn und der andere sieht dich. Ihr beide seid Teil der sichtbaren Welt. Der Raum zwischen euch beiden jedoch ist unsichtbar.

Wende deinen Blick kurz von dem Buch weg und schau dich um. Du siehst Dinge im Zimmer oder Garten oder wo immer du gerade bist.

Dann mach dir klar:

Der Raum zwischen den Objekten ist unsichtbar. Doch trennt er die Dinge nicht, in Wahrheit verbindet er sie. Der unsichtbare Raum durchdringt alles Sichtbare. Er besteht nicht nur aus Luft, er ist voller Energie. Diese Energie ist nicht statisch, sondern beweglich. Sie fließt unaufhörlich. Das Fließen der Energie ist das, was wir als Zeit empfinden.

Da wir unsere körperliche Existenz in der Dimension von Zeit und Raum erfahren, befinden wir uns mitten in der unsichtbaren Welt. Aus dieser unsichtbaren, geistigen Welt manifestiert sich alles Sichtbare, alles Körperliche.

Jesus sagte: "Mein Reich ist nicht von dieser Welt."

Ich bin überzeugt davon, dass Jesus hinter die Kulissen beider Welten schauen konnte. So wie viele andere Menschen vor ihm und nach ihm. In jeder Kultur, in jedem Land, zu jeder Zeit leben Frauen und Männer, die ein wenig mehr erwacht, ein wenig mehr erleuchtet sind. Von manchen hat man gehört, von den meisten nicht. Jesus von Nazareth ist, bescheiden formuliert, einer der bekannteren. Nur wenige haben die Welt durch ihre Anwesenheit auf der Erde so stark geprägt wie dieser Mann aus Nazareth. Ich glaube nicht, dass er sich zu Lebzeiten darüber bewusst war, dass sein Name noch zweitausend Jahre später im Gespräch sein würde. Auch nicht, wie oft sein Name missbraucht werden würde. Wie viel Leid ist Menschen angetan worden, vermeintlich " im Namen des Herrn"?

"Was war die ursprüngliche Bedeutung der Ereignisse von damals? Was war die Botschaft der Geschichte von Jesus und seinen Jüngern?", fragte Markus Kühn auf einem unserer gemeinsamen Spaziergänge.

Markus ist Dalmanuta Lehrer und Yoga Lehrer und nebenbei ein großartiger Zeichner. Er hat auch das Cover dieses Buches entworfen. Es zeigt den Meditationsplatz in Kapernaum. Wenn dieses Buch nicht mein Bestes sein sollte, auf jeden Fall ist es das mit dem schönsten Cover. Danke dir, lieber Markus!

"Was ist die Botschaft unseres Spaziergangs?" fragte ich Markus zurück. "Stell dir vor, der Spaziergang, den wir gerade unternehmen, würde durch Mund zu Mund Erzählung weitergetragen. Unsere Freunde und Verwandten würden ihren Kindern und Enkelkindern vom Spaziergang von Markus und Peter erzählen. Diese wiederum würden ihren Kindern und Enkelkindern davon erzählen und so weiter und so fort. Generationen später treffen sich wieder zwei Menschen und fragen sich: "Was war die Botschaft des Spaziergangs von Markus und Peter?"

Eine Nonsens Frage! Sinn macht die Frage: "Worüber haben die beiden gesprochen? (Über das Cover...) Wie waren die beiden drauf, welche Themen haben sie beschäftigt?", und so weiter. Der Spaziergang selbst jedoch ist frei von jeglicher Bedeutung.

Jesus und seine Schüler und Schülerinnen waren wie sie waren, taten was sie taten, sagten was sie sagten. Ebenso sind wir heute, wie wir sind, tun wir was wir tun und sagen was wir sagen.

Die sogenannte "Bedeutung" ist eine Story, die anschließend auf das Ereignis draufgesetzt wird. Sie ist eine Interpretation, eine Analyse des Verstandes, der sich das Geschehene erklären will. Sie ist nicht das Geschehen selbst.

Niemand fragt: "Was ist die Botschaft der Sonne, die morgens auf- und abends untergeht? Was ist die Bedeutung des Vogels, der am Himmel seine Runden dreht? Was ist die Botschaft des Baumes, der am Wegesrand steht? Was ist die Bedeutung des kleinen Säuglings, der gerade geboren ist?"

Das Leben braucht keine Erklärungen. Es ist! Du brauchst keine Erklärung. Du bist!

Bedeutungslos ist nicht gleichzusetzen mit sinnlos. Bedeutung ist die Deutung des Verstandes. Sinn ist die Wahrnehmung mit allen Sinnen. Das Zwitschern der Vögel im Frühling benötigt keinen Sinn, es ist der Sinn. Eine Umarmung zweier Menschen braucht keinen Sinn, sie ist der Sinn. Deine Liebe braucht keinen Sinn, sie ist der Sinn! Deine Traurigkeit benötigt keinen Sinn, sie ist der Sinn. Deine Freude braucht keinen Sinn, sie ist der Sinn.

Der Sinn deiner Existenz ist deine Existenz selbst!

Verbanne die Substantive aus deinem Wortschatz und ersetze sie durch Verben:

Nicht das Leben, sondern leben!
Nicht die Liebe, sondern lieben!
Nicht der Tanz, sondern tanzen!

Meist sind es nicht die tatsächlichen Ereignisse, sondern die anschließend aufgesetzten Bedeutungsgeschichten, unter denen Menschen leiden. Im Namen einer vermeintlichen Wahrheit wird Macht und Manipulation ausgeübt. Was ist alles angerichtet worden im Namen des Christus, im Namen Jehovas, im Namen des Propheten und so weiter?

"Mein Freund glaubt nicht an Gott, aber an die Liebe", sagte eine Teilnehmerin in einem meiner Seminare. Darauf hatte ich zwei Antworten: Erstens: wo ist der Unterschied? Zweitens: besser so als umgekehrt!

Viele Menschen glauben zwar an Gott, aber nicht an die Liebe! Wäre es umgekehrt, gäbe es möglicherweise nicht so viele Konflikte und Kriege auf der Welt.

"Abwun d'baschmâja, nethkâdasch schmach, tete malkuthach"

Mit diesen Worten beginnt das Vaterunser auf syrisch aramäisch, der Sprache, die Jesus gesprochen hat. Bekannt ist die Übersetzung als:

"Vater unser der du bist im Himmel, geheiligt werde dein Name, dein Reich komme".

Doch näher am Ursprung ist die folgende Übersetzung:
"Du Möglichkeit der Liebe in dir, das, was du bist, das werde."

Die erste Übersetzung deutet auf eine Trennung zwischen dem himmlischen Vater und uns hin. Der geheiligte Name bezieht sich auf ein göttliches Wesen, dessen Reich eines Tages kommen wird. Die zweite Übersetzung spricht von der Verbindung zwischen der Liebe und den Liebenden.

Die ersten Schriften der Bibel waren in hebräischer Sprache verfasst. Später wurden sie ins Griechische, dann ins Lateinische und später, genau gesagt ab März 1521, von Martin Luther ins Deutsche übersetzt. Es wäre ein großes Wunder, wenn es im Laufe der Zeit keine Übersetzungsfehler gegeben hätte. In jeder Sprache gibt es Begriffe, die in eine andere nur schwer bzw. verkürzt übersetzt werden können. So kennt das Griechische mehrere Worte für Liebe: Eros meint die zärtliche, Phileo die freundschaftliche und Agape die hingebungsvolle Liebe. Auch die beiden englischen Worte "Heaven" und "Sky" werden im Deutschen nur als "Himmel" bezeichnet, obwohl beide Wörter verschiedene Konzepte beinhalten.

Und ich bin davon überzeugt, dass Jesus von drei verschiedenen Himmeln gesprochen hat:

Der erste Himmel ist der,

den wir sehen können, wenn wir nach oben schauen, dort, wo die Wolken ziehen, und die Vögel fliegen.

Der zweite Himmel ist der,

den die Religionen das "Jenseits" nennen, die unsichtbare, geistige Welt.

Der dritte Himmel ist in dir!

Wo fängt der Himmel an, den wir da oben sehen? Wo die Wolken sind? Ein paar Zentimeter über unseren Köpfen? Oder bereits am Boden knapp über unseren Füßen?

Eine schöne Analogie in diesem Zusammenhang hörte ich von Eckhart Tolle. Er beschrieb die Sonne als Quelle des Lebens. Kein Leben auf der Erde könnte ohne die Sonne existieren. Die Strahlen der Sonne durchfließen unsere Körper.

"Gibt es eine Trennung zwischen den Sonnenstrahlen und der Sonne selbst?" fragte der großartige Weisheitslehrer seine Zuhörer. Eine rhetorische Frage. "You can't say where the sun ends." sagte Tolle, "du kannst nicht sagen, wo die Sonne endet."

Wenn also die Sonnenstrahlen deinen Körper wärmen und durchfluten, dann bist du Teil der Sonne. Die Sonne wiederum ist Teil des Himmels. Somit ist auch dein lichtdurchfluteter Körper ein Teil des Himmels.

Eines der für mich schönsten Jesus Worte lautet: "Wenn euch jemand fragt, woher ihr gekommen seid, dann antwortet: Wir sind aus dem Licht gekommen, von dort, wo das Licht aus sich selbst entstanden ist."

Der Himmel ist mehr als nur ein leerer Raum. Er ist voller Licht. Dieses Licht ist nicht ein toter Stoff, sondern Lebensenergie. Wenn das Licht notwendig für die Existenz des Lebens ist, kann es selbst nicht unlebendig sein.

Da das Licht lebendig ist, ist es sich seiner selbst gewahr. Gewahrsein ist das Wesen des Lebendigen. So wie wir uns über unser Dasein gewahr sind. Zugleich nehmen wir wahr, was um uns herum ist.

Ebenso ist der lichtvolle Himmel sich nicht nur seiner selbst gewahr, sondern auch allem, was sich in ihm befindet. Also auch uns!

Wenn du magst, dann mache gleich, sobald du draußen bist, die folgende Übung:
Schaue hoch zum Himmel und mache dir bewusst:

"Der Himmel ist beeindruckt von meiner Anwesenheit auf dieser Erde!"

Sich dessen bewusst zu sein, ist die ultimative Verbindung zwischen dir und dem Himmel, zwischen dir und dem Licht, zwischen dir und dem Göttlichen! Du spürst:

"Ich kann nicht verloren gehen im Universum!"

"Weißt du noch, wie du damals auf dem Berg in Kärnten morgens auf der Bank vor dem Hotel gesessen und den Sonnenaufgang bewundert hast?" fragte mich meine Frau Karina. "Umgekehrt wird ein Schuh draus", antwortete ich: "Der Sonnenaufgang hat mich bewundert..."

Egal, wo du dich gerade aufhältst, draußen oder drinnen, du befindest dich immer in einem lichtvollen Raum. Meine Bezeichnung dafür ist das englische Wort "space". Space ist mehr als nur ein leerer Raum, es ist die unsichtbare, aber spürbare Sphäre, das Klima, die Qualität der Energie.

Entscheidend dafür, ob du dich in einem Zimmer wohl oder unwohl fühlst, sind nicht die Möbel, die dort stehen, sondern die Energiequalität, der space. Das gleiche gilt für Orte. Jede Stadt, jede Landschaft hat ihren eigenen, individuellen space.

Gleichzeitig beeinflusst deine Anwesenheit die Qualität des Raumes. Je präsenter du bist, desto stärker wirkst du auf ihn ein. Du gibst und bekommst, du bekommst und gibst. Nur durch deine Präsenz. Das Einzige, was du tun musst: Da Sein. Oder, besser gesagt: Hier sein! Komm her, nimm Platz und bleibe! Mit allem, was du hast, mit allem, was du bist!

Seit 2017 finden Dalmanuta-Lehrerseminare in Israel statt. Drei Tage sind wir mit der Gruppe in Jerusalem und anschließend fünf Tage am See Genezareth. Diese Reise verändert jeden Teilnehmer. Es passiert von ganz allein, keiner muss etwas Bestimmtes dafür tun. Einfach nur HIER sein reicht vollkommen aus. Den Rest erledigt der Space!

Eine passende Analogie (zumindest fällt mir momentan keine andere ein...) ist das Beispiel der Dusche:
Unter der Dusche werden wir nass. Dafür sorgt das Wasser. Währenddessen spielen weder unsere Gedanken, Gefühle noch unser Glaube eine Rolle. Während wir unter der Dusche stehen, ist es egal, ob wir positiv denken oder nicht. Es ist egal, ob wir dabei lachen, weinen oder fröhliche Lieder singen. Es spielt keine Rolle, ob wir an Gott glauben oder nicht. Noch nicht einmal der Glaube an das Wasser ist erforderlich, um unter der Dusche nass zu werden. Das Wasser in der Dusche ist der space, der dafür sorgt. Überspitzt und im übertragenen Sinne gesagt behaupten manche Spirituelle, dass nur diejenigen unter der Dusche nass werden würden, die dabei Yoga machen und schöne Mantras singen. Wer nicht spirituell genug ist, wird nicht nass, behaupten sie: "Du bist noch nicht so weit..."

Nun soll dies keine Abhandlung über Sanitäreinrichtungen werden. Das Beispiel ist eine Analogie für die Energiedusche, die dauerhaft auf uns Einfluss nimmt. Wir sind von bewusster Energie umgeben. Sie fließt in uns, durch uns und um uns herum. Wir bewegen uns in ihr, atmen sie ein und aus. Sie ist die Atmosphäre, in der wir leben und der wir nicht entkommen können. Wir können nicht aus ihr flüchten, aber wir können sie verändern! Da der space und wir gleichermaßen Bewusstsein sind, haben wir die Macht, ihn zu transformieren.

"Back to the roots", ist der Leitgedanke unserer meditativen Reise. Wenn wir am Garten Gethsemane in der Grotte sind, in der Jesus seinen Schülern das Vaterunser lehrte, dann wirkt die Energie des Raumes auf jeden einzelnen von uns ein. Der Raum besteht nicht allein aus den Steinen der Wände, auf die wir schauen und des Bodens, auf dem wir im Kreis sitzen. Der Raum ist geprägt von den Ereignissen der Vergangenheit. Alle Anwesenden sind mittendrin, wie unter einer Energiedusche. Jeder einzelne verbindet sich mit dem Raum und wird somit ein Teil von ihm. Die Anwesenheit eines Menschen, der sich bewusst dort aufhält, wird selbst zu einem Ereignis. Er hinterlässt eine Spur in Raum und Zeit. Nicht nur in der Grotte am Garten Gethsemane, sondern in ganz Jerusalem sowie am See Genezareth - überall, wo wir uns aufhalten.

Mit unserem eigenen Bewusstsein wirken wir auf die Atmosphäre ein. Durch unsere Ausstrahlung, unsere Worte und - vor allen Dingen - durch unsere Taten. So ist es ein Unterschied, ob wir in Israel lediglich Sightseeing betreiben oder aber tief in die Energie der einzelnen Stätten eintauchen. Im ersten Fall, beim Sightseeing, sind wir auf der Durchreise, im zweiten Fall bleiben wir HIER.

Dies gilt nicht allein in Israel, sondern selbstverständlich an jedem Ort, an dem wir uns befinden. Manche reisen oberflächlich durch das Leben, betreiben sozusagen "Life Sightseeing". Andere wiederum haben den Mut, tief einzutauchen in die Orte und Ereignisse ihres Lebens.

Stell dir eine Situation vor,

in der sich Menschen feindlich gegenüberstehen.

Du stehst abseits und betrachtest die Szenerie. Und nun trittst du hervor und erfüllst den Raum mit deinen Worten:

> *Da, wo ich bin, ist Frieden.*
>
> *Da, wo ich bin, ist Freundschaft.*

Stell dir eine Situation vor,

in der Menschen unachtsam mit Leben umgehen, in der Menschen anderem Leben wehtun und sich nicht bewusst sind, was sie tun.

Du stehst abseits und betrachtest die Szenerie. Und nun trittst du hervor und erfüllst den Raum mit deinen Worten:

> *Da, wo ich bin, ist Traurigkeit.*
>
> *Da, wo ich bin, ist Mitgefühl.*

Stell dir eine Situation vor,

in der Menschen von Kälte und Einsamkeit umgeben sind.

Du stehst abseits und betrachtest die Szenerie. Und nun trittst du hervor und erfüllst den Raum mit deinen Worten:

> *Da, wo ich bin, ist Wärme.*
>
> *Da, wo ich bin, ist Geborgenheit.*

Stell dir eine Situation vor,

in der Menschen das Glück um sich herum nicht sehen, in der Menschen blind sind für die Schönheit und Pracht des Lebens.

Du stehst abseits und betrachtest die Szenerie. Und nun trittst du hervor und erfüllst den Raum mit deinen Worten:

> *Da, wo ich bin, ist Dankbarkeit.*
>
> *Da, wo ich bin, ist Freude.*

Es gibt Menschen, die einen Raum betreten und sofort eine Strahlkraft ausüben, die alle Anwesenden zum Leuchten bringt. Ihr bloßes Erscheinen zaubert ein Lächeln auf die Gesichter der anderen. Ironischerweise ist die einzige Person, die diese Wirkung nicht bemerkt, genau jene, die den Raum erhellt. Sie verändern die Atmosphäre mit ihrer Ausstrahlung positiv und dienen gleichsam als Leuchttürme, die Licht ins Dunkel bringen. Doch das Dilemma eines Leuchtturms liegt darin, dass er selbst stets im Dunkeln steht. Die einzige Möglichkeit für den Leuchtturm besteht darin, sich in seinem eigenen Licht zu erkennen. Im übertragenen Sinne verhält es sich ähnlich mit jenen Menschen, die anderen Freude, Mut und Zuversicht vermitteln, während sie gleichzeitig das Gefühl haben, in ihrer eigenen Dunkelheit gefangen zu sein.

Die Dalmanuta Lehrerin Marie Keusgen erzählte im August 2023:

"Vor einigen Wochen besuchte ich ein 'Festival für mehr Menschlichkeit'. Ich war mir bewusst, dass es dort nicht nur um das Feiern ging, sondern auch um tiefgründige Vorträge und Aufführungen verschiedener Kulturen und Hilfsorganisationen wie Seawatch. Der Vortrag von Seawatch bewegte das Publikum zutiefst. Der Mitarbeiter von Seawatch teilte bewegend und mit Respekt die Ereignisse und Herausforderungen, denen sie täglich im Mittelmeer und Atlantik begegnen. Seine Worte berührten nicht nur durch ihre Schwere, sondern auch durch den humorvollen Umgang mit der Situation.

Nach diesem bewegenden Vortrag spürte ich die tiefe Betroffenheit und das Mitgefühl im Raum. Es gab aber auch den Wunsch nach konkreten Handlungsmöglichkeiten. Hier entstand der Impuls, den Gedanken des Friedens zu teilen. Ich glaube fest daran, dass Frieden in uns selbst beginnt und große Veränderungen bewirken kann, wenn wir im Gefühl des Friedens handeln, denken und sprechen.

Ich wurde spontan und bat das Publikum, sich auf eine kleine Übung des Friedens einzulassen. Mit Erlaubnis des Veranstalters bat ich die Anwesenden, ihre Augen zu schließen und ihre rechte Hand auf ihr Herz zu legen. Die meisten folgten dieser Anleitung und ließen sich auf diese Übung ein. Wir spielten das Gayatri Mantra ab und am Ende des Liedes bat ich die Menschen, Liebe und Frieden dorthin zu schicken, wo sie am dringendsten gebraucht wurden. In diesem Moment flossen viele Tränen – Tränen der Trauer, der Freude und des Friedens. Wir schufen einen 'Raum des Friedens', der mit keiner Spende aufzuwiegen ist. Ein unbeschreibliches Gefühl der Gemeinschaft und Verbundenheit erfüllte den Raum."

Wenn du magst, dann frage auch du dich in den nächsten Tagen:

"Mit welcher Absicht bin ich heute unterwegs?"

Vielleicht in der Absicht des Friedens, der Heilung, der Kommunikation oder möglicherweise in der Absicht zu streiten? Denn ab und an müssen wir auch mal etwas lauter werden oder sogar mit der Faust auf den imaginären Tisch hauen, um unsere Würde und Selbstachtung zu bewahren.

Formuliere es so:
"Heute möchte ich mehr sprechen, mehr berühren, mehr tanzen, mehr lachen, mehr lieben und die frische Luft genießen, und so weiter und so fort."

Vor ihrem zweiten Meditationsseminar in Israel, das meist zwei Jahre nach der ersten Reise stattfindet, erhalten die Teilnehmenden die folgende Hausaufgabe:
"Besorge dir ein Notizbuch und schreibe auf die erste Seite die folgenden Worte:
Meine Absicht
Mein Vertrauen
Mein Versprechen.

Fülle das Buch bis zur Reise und nimm es nach Jerusalem mit."
So lautet der Auftrag.

Dort gehen wir dann während des Seminars auf die Einträge der einzelnen Teilnehmer ein.

Deine Absicht ist die Richtung, in die du gehen möchtest. Dein Vertrauen ist die Qualität in dir, mit der du in die Situationen deines Lebens gehst. Dein Versprechen ist die Verbindlichkeit deines Vorhabens. Meinst du es wirklich ernst mit deiner Absicht?

Wenn du magst, halte an dieser Stelle inne und frage dich:
"Welche Versprechen habe ich in meinem bisherigen Leben gemacht? An mich selbst und an andere? Welche davon habe ich eingehalten und welche nicht? Und welche Versprechen möchte ich möglicherweise noch geben?

Nicht nur mir selbst gegenüber, sondern auch anderen – vielleicht sogar dem Leben selbst?"

Viele streben nach Leichtigkeit und demzufolge Unverbindlichkeit. "Ich möchte nicht mehr müssen", sagte jemand. Damit meinte sie, dass sie am liebsten jeden Tag frei von festen Verpflichtungen leben würde. Jedoch, wenn wir uns ernsthaft einem Vorhaben widmen, übernehmen wir selbstbestimmte Verpflichtungen. In solchen Fällen sind wir bestrebt und entschlossen, zuverlässig zu handeln. Ein Beispiel dafür ist, wenn meine Frau Karina und ich eine einjährige Ausbildung zum Meditationslehrer anbieten. In diesem Fall verpflichten wir uns dazu, die Teilnehmer einen Tag im Monat zu empfangen und zu unterrichten.

Dabei dürfen wir Absicht nicht mit Wunsch verwechseln. Wünsche sind auf Ergebnisse ausgerichtet, die Absicht zielt allein auf das kreative Tun. Die Absicht betreibt keine Ergebniskontrolle.

Hinter jedem Wunsch verbirgt sich eine Überzeugung, die die Erwartungen lenkt. Diese beiden Aspekte, Überzeugung und Erwartung, sind ausschlaggebend dafür, wie sich die Dinge entwickeln. Ein Mensch, der sich eine harmonische Beziehung wünscht, aber zutiefst überzeugt ist, dass sämtliche Liebesbeziehungen letztendlich scheitern, setzt damit die Erwartung eines Scheiterns seiner eigenen Liebesbeziehung in Gang. Ähnlich blockiert jemand, der nach Reichtum strebt, jedoch fest davon überzeugt ist, dass wohlhabende Menschen allesamt arrogante Snobs sind, seinen eigenen Wunsch, weil er keinesfalls selbst zu einem solchen arroganten Snob werden möchte. In der Regel erfüllt sich nicht der Wunsch, sondern vielmehr die Erwartung.

Das Leben ist nicht darauf ausgerichtet, bestimmte Ergebnisse zu erzielen. Die Fixierung auf Ergebnisse lenkt vom eigentlichen Leben ab, das ständig im Fluss ist, stets neu und kreativ. In diesem Kontext ist das Leben zwar sinnvoll, aber ziellos. Es strebt nicht nach einem finalen Ziel, dessen Erreichen sein Ende bedeuten würde. Da es keine Grenze zwischen dir und dem Leben gibt, gilt dasselbe für dein individuelles Selbst: Dein Ich strebt nicht nach einem endgültigen Ziel, dessen Erreichen ein Ende markiert.

Daher ist es ratsam, sich nicht auf spezifische Ziele und Ergebnisse zu fokussieren, sondern stattdessen auf sinnvolles Handeln zu achten. Der Sinn ergibt sich aus deiner Absicht und dem, was du bewusst erschaffst.

Es geht nicht um das Erreichen, sondern um das Erschaffen. Eine Teilnehmerin äußerte in einem Seminar: "Viele waren überrascht, dass ich trotz meiner Qualifikation keine höhere Position auf der beruflichen Karriereleiter angestrebt habe. Aber die Arbeit in meiner Position hat mir viel Freude bereitet. Das war für mich wichtiger."

Wenn du beispielsweise Meditationslehrer oder Yogalehrer bist, ist es nicht entscheidend, wie viele Menschen zu deinen Veranstaltungen kommen. Wichtig ist nur, dass du es tust.

Bodo Klaus ist Dalmanuta Lehrer und veranstaltet Meditationworkshops. Thema sind innere Bilder und äußere Bilder. Bodo sagt, dass jeder malen kann.
"Leg einem Kind ein Blatt und Stifte hin und es beginnt zu malen. Was später manche Menschen daran hindert zu malen ist die Angst vor Bewertung des Bildes durch einen anderen."
Die Überzeugung, dass andere dich auslachen oder kritisieren oder verurteilen könnten, steht der Absicht im Weg, zu tun, was dir Freude bereitet.

Sei wie die Sonne, die jeden Tag aufgeht. Sei wie das Licht, das jeden Tag scheint. Sei wie das Wasser, das jeden Tag fließt. Schaffe dir Oasen im Laufe des Tages. Gehe spazieren. Lass die Seele baumeln. Vertiefe deine Gedanken. Doch jeden Tag, setze deine Aufgaben fort.

Stell dir jede Situation in deinem Leben wie einen Raum vor, den du betrittst. Letztendlich ist es ja auch so: Jede Situation findet in einem Raum statt, unabhängig davon, ob dieser Raum draußen oder drinnen ist. Also betrete die Räume deines Lebens so bewusst wie möglich. Da das Kriterium für Bewusstsein die Absicht ist, bedeutet das, dass du dir über deine Absicht im Klaren sein solltest. Je mehr du dir über deine Absicht im Klaren bist, desto bewusster lebst du. Gehe bewusst in die Rolle hinein, die du in der nächsten Situation spielen willst.

Jeden Morgen steckte ich mir auf dem Weg zur Arbeit einen kleinen Ring an den Finger – den sogenannten Polizistenring. Solange ich diesen Ring trug, war ich der 'Bulle'. Am Abend, wenn ich das Dienstgebäude verließ, nahm ich den Ring wieder ab, und nun war ich frei von der Rolle. Wenn ich als Seminarleiter meinen Seminarraum betrete, tue ich das bewusst. Aber ich verlasse diesen Raum auch wieder bewusst. Ich habe nicht den Anspruch außerhalb des Kontextes meiner Seminare, Meditationsabende, Workshops und so weiter der Meditationslehrer zu sein.

Wir sind nicht die Rollen, die wir auf der Bühne des Lebens spielen; wir sind viel mehr als das. Dennoch kommen wir ohne diese Rollen nicht aus. In jeder Situation treten wir in Beziehung zu anderen. Und für diese anderen sind wir eine Rolle. In Bezug zu unseren Eltern sind wir das Kind, die Tochter oder der Sohn. In Bezug zu unserem Partner sind wir der Geliebte oder die Geliebte. In Bezug zu unseren Kindern sind wir Eltern, Vater oder Mutter. In Bezug zu den Mitarbeitern in unserer Firma sind wir der Chef oder der Kollege und so weiter. Aber für uns allein sind wir nichts davon. Die Tatsache ist, dass manche Menschen oder wir geneigt sind, uns über eine Rolle zu definieren. Diese Definition wird dann zu einer Identität, also zu der Geschichte, die wir uns über uns selbst erzählen. Diese Identität begrenzt uns.

Eine faszinierende Geschichte, von der ich nicht weiß, ob sie wahr oder fiktiv ist, lautet wie folgt:

Eine Frau liegt im Koma und hat einen Traum. Eine Stimme fragt: "Wer bist du?" Die Frau antwortet im Traum: "Ich bin die Frau des Bürgermeisters." "Ich habe dich nicht gefragt, wessen Frau du bist", erwidert die Stimme. "Ich habe dich gefragt, wer du bist." "Ich bin Mutter von vier Kindern", antwortet sie. Wieder sagt die Stimme: "Ich habe dich nicht gefragt, wessen Mutter du bist." "Ich habe dich gefragt, wer du bist." "Ich bin Christin", sagt die Frau. Wieder sagt die Stimme: "Ich habe dich nicht gefragt, an welchen Gott du glaubst." "Ich habe dich gefragt, wer du bist." Als sie aus dem Koma erwacht, kann sie sich immer noch an diesen intensiven Traum erinnern. Sie beschließt, sich auf die Suche zu begeben - auf die Suche nach der wahren Antwort auf die Frage:

Wer bist du?

Das Wort "All-ein" ist wunderbar ausdrucksstark. Es beschreibt, was wir wirklich sind: Wir sind eines in allem und alles in einem. Die Schöpfung von "Allem was ist" erzeugt in jedem Moment unendliche Vielfalt. Und alles, was ist, trägt diese Vielfalt in sich. Jede scheinbare Trennung ist nur oberflächlich. Jedes vermeintliche Ende ist nur vorübergehend.

Wir sollten nicht allzu viel Energie in die Stärkung unserer Identität investieren, indem wir die Rollen festigen, die wir auf der Bühne des Lebens spielen möchten, sondern vielmehr das wahre Selbstbewusstsein in uns entfalten lassen. Die gute Nachricht ist: Das geht von alleine. Die schlechte Nachricht ist: Wir können es nicht erzwingen. Im Gegenteil ist Kapitulation notwendig, das Loslassen der Identität und somit der Rollen, die vermeintlich unsere Persönlichkeit ausmachen. Nicht Persönlichkeitsentwicklung ist angesagt, sondern Persönlichkeits- ab - wicklung.

Zurzeit ist der Begriff Persönlichkeitsentwicklung sehr in Mode. Unzählige Coaches in den sozialen Medien geben ihren Followern Anleitungen zur Selbstoptimierung.
Dabei geht es um drei Aspekte: Mehr! Besser! Anders!

Du kannst noch mehr erreichen, noch mehr verdienen und so weiter. Du kannst deine Fähigkeiten, deinen Erfolg verbessern und so weiter. Du kannst dir ein anderes Leben erschaffen, ein anderes Business und so weiter.

Doch genau diese drei: *Mehr - Besser - Anders* verhindern das Glücklichsein. Der Verstand sagt: "Du darfst dich mit dem jetzigen Zustand nicht zufriedengeben. Wenn du dich mit dem zufrieden gibst, was du jetzt bist und was du jetzt hast, verändert sich in deinem Leben nichts mehr!"

Die Dalmanuta Lehrerin Anja Buhlrich erzählte bei einem Seminar folgende Anekdote:
Ein Vater verabschiedet am Flughafen seine Tochter, die für längere Zeit ins Ausland reist. Er sagt zu ihr: "Ich wünsche dir ausreichend, geliebte Tochter!"
Sie antwortet: "Ich wünsche dir ausreichend, geliebter Vater!"
Ein anderer Reisender bekommt die Szene mit und wundert sich über diese merkwürdige Verabschiedung der beiden. Als die Tochter in den Flieger eingestiegen ist, spricht er den Vater an. "Würden Sie mir den Hintergrund der Worte erklären?" bittet er ihn. "Gerne.", antwortet dieser:
"Ich wünsche dir ausreichend Sonne, und Ich wünsche dir ausreichend Regen.
Ich wünsche dir ausreichend Essen und ich wünsche dir ausreichend Hunger.

Ich wünsche dir ausreichend Arbeit und ich wünsche dir ausreichend Freizeit.

Ich wünsche dir ausreichend Events, und ich wünsche dir ausreichend Ruhe. Damit du jeweils beides zu schätzen weißt."

Diese Antwort des Vaters ist meines Erachtens mehr wert als das Coaching der "Mehr, besser und anders" Apostel. Als Anja diese Geschichte erzählte, wurde mir klar, dass auch ich immer ausreichend hatte.

Und wenn du magst, dann halte an dieser Stelle kurz inne und betrachte in diesem Licht dein Leben.

Selbstbewusstsein ist keine Frage des richtigen Mindset, sondern eine Qualität in dir, die nach außen wirkt. Selbstbewusstsein ist Präsenz, du zeigst dich so wie du bist und mit allem, was du hast. Das bedeutet jedoch auch, dass du von anderen gesehen wirst. Menschen ohne Selbstbewusstsein neigen eher dazu, ihre vermeintlichen Schwächen zu verstecken. Entweder durch Rückzug oder durch Überkompensation. Wir alle kennen Leute, die ein wenig "one to much" in der Öffentlichkeit unterwegs sind. Manche auch inspiriert von den "Mehr besser anders" Coaches...

Selbstbewusstsein beruht auf vier Säulen:
1. Selbsterkenntnis,
2. Selbstwürdigung,
3. Selbstverantwortung,
4. Selbstermächtigung.

Selbsterkenntnis ist die Einsicht,
dass du viel mehr als deine Rollen bist. Du weißt, dass jede Definition deines Selbst eine Einschränkung wäre.

Selbstwürdigung ist die Wertschätzung
gegenüber dir selbst und deinem Leben. Du achtest und beachtest dich.

Selbstverantwortung ist die Bereitschaft,
eigene Entscheidungen zu treffen und die daraus folgenden Konsequenzen
anzunehmen.

Selbstermächtigung ist der Wille,
deine Entscheidungen durchzusetzen, ohne andere um Erlaubnis zu bitten.

Das Leben konfrontiert uns mit unzähligen Fragen. Jede Situation ist im
Grunde genommen eine Frage für sich. Wir können uns nicht für jede Situation eine 14-tägige Auszeit nehmen, um in Ruhe darüber nachzudenken, wie
wir mit ihr umgehen sollen. Meistens müssen wir spontan handeln bzw. reagieren. Je spontaner wir handeln, desto mehr leben wir im Augenblick. Mit
Achtsamkeit auf die Gegenwart gerichtet, denken wir weder an die Vergangenheit noch an die Zukunft. Im Hier und Jetzt fragen wir uns nicht, ob unser
Sprechen und Handeln im Einklang mit unserer Vergangenheit stehen.

Und im Hier und Jetzt fragen wir uns auch nicht, welche Auswirkungen
unser Sprechen und Handeln auf die Zukunft haben. Wir handeln aus innerer
Freiheit heraus. Der Verstand hingegen ist selten frei. Er ist meistens mit anderen Gedanken beschäftigt, die außerhalb des Hier und Jetzt liegen. Oftmals
schwelgt er in der Vergangenheit oder sorgt sich um die Zukunft. Manchmal
ist er auch ganz woanders: Der Körper ist zuhause, der Verstand im Büro.

Solange wir am Tag aus dieser Gedankenmühle nicht herauskommen,
funktionieren wir nur. Abends sitzen wir dann auf der Couch und stellen fest:
"Es war ein guter Tag, leider war ich nicht dabei..."

Wir rennen oft unbewusst durch unser Leben. Wir sind für andere da, für
unsere Familie, für unseren Job, für alles Mögliche, aber nicht für uns selbst.
Dieses "Für uns selbst" bedeutet nicht, dass sich die Welt nur noch um uns
drehen soll, alle anderen sich nur noch um uns kümmern sollen etc. Es

bedeutet vielmehr, dass wir bewusst und intensiv an all den Erfahrungen unseres Lebens Anteil haben.

Nimm dir einmal ein paar Minuten Zeit und beschäftige dich mit den folgenden Fragen:

1. *Erinnere dich an die Autoritäten in deinem Leben. Menschen, die dich geprägt und auf deinen Weg gebracht haben.*
2. *Was zeichnet diese Menschen aus? Was war ihre Eigenschaft oder ihr Verhalten, dass du sie als Autorität im positiven Sinne akzeptiert hast?*
3. *Kannst du dich selbst als Autorität für andere empfinden?*
4. *Bist du für dich selbst eine Autorität?*

Diese Fragen stelle ich unter anderem in Selbstcoaching-Workshops. Die Teilnehmer schließen die Augen und lassen sich, wie es bei mir üblich ist, von lauter Musik in die Übung führen. Erinnerungen sind innere Bilder, die in der Schatzkiste des Herzens liegen. Um die Schatzkiste zu öffnen, musst du zuvor den Verstand beruhigen. Die Übungsanleitung lautet: "Erinnere dich!" und nicht: "Überlege mal!". Der Verstand kann nicht klar nachdenken, wenn das Herz von der richtigen Musik in der richtigen Lautstärke angesprochen wird. Mit den Gefühlen kommen die Bilder.

In der anschließenden Austauschrunde berichten die Teilnehmer von den Menschen in ihrem Leben, die für sie eine Autorität im positiven Sinne waren oder immer noch sind. Sie erzählen beispielsweise von der Oma, bei der sie sich immer geborgen gefühlt haben. Viele nennen einen Lehrer aus ihrer Schulzeit, der sie unterstützt und gestärkt hat. Über die Jahre als Seminarleiter habe ich viele schöne Geschichten bei dieser Übung gehört. Auf die Frage: "Was zeichnet diesen Menschen aus?" hörte ich zum Beispiel: "Sie hat mich so akzeptiert, wie ich war!" "Er hat immer an mich geglaubt!" "Sie hat mir Anerkennung gegeben!" "Er hat mir neuen Lebensmut vermittelt!" und so weiter.

Diese Antworten sind entscheidend für die nächste Frage: "Kannst du dich selbst als Autorität für andere empfinden?" Denn: Du kannst dich als Autorität akzeptieren, wenn du die Kriterien, die die Autoritäten in deinem Leben ausgemacht haben, selbst anderen gegenüber erfüllst. Wenn die Autorität in deinem Leben dir den Rücken gestärkt hat, kannst du dich selbst als Autorität sehen, wenn du jemand anderem den Rücken stärkst. Wenn die Autorität in deinem Leben dir Anerkennung gegeben hat, darfst du dich selbst als Autorität sehen, wenn du jemand anderen Anerkennung gibst. Wenn die Autorität in deinem Leben dir neuen Lebensmut vermittelt hat, bist du selbst eine Autorität, wenn du dasselbe für einen anderen tust. Und so weiter. Die Aufforderung: "Sei Autorität" ist in diesem Sinne gleichbedeutend mit der Aufforderung: "Tue anderen Gutes!" " Gib weiter, was dir selbst gegeben wurde."

Manche haben ein Problem mit dem Begriff "Autorität". Sie haben schlechte Erfahrungen mit dominierenden Menschen gemacht. Menschen, die ihre Machtposition ihnen gegenüber ausgenutzt oder sogar missbraucht haben. Dann frage ich: "Welchen anderen Begriff als 'Autorität' bevorzugst du stattdessen?" Oft höre ich dann "Vorbild" oder "Respektsperson".

Mit dem Wort "Vorbild" habe ich dann meine Schwierigkeiten. Ich persönlich wollte niemals ein Abziehbild von irgendeinem Vorbild sein. Ein Vorbild, hundert Abziehbilder...

Auch der Begriff "Respektsperson" ist kein Synonym für "Autoritätsperson". Jeder Mensch sollte für jeden anderen eine Respektsperson sein. Meine Analogie diesbezüglich ist das Beispiel einer erfolgreichen Profi-Fußballmannschaft mit hochdekorierten Spielern. (Einen Vereinsnamen verkneife ich mir an dieser Stelle. Als Fan des MSV Duisburg, der in der dritten Liga spielt, muss ich kleine Brötchen backen...) Ich hoffe doch sehr, dass alle Spieler der Mannschaft Respekt vor den Kofferträgern haben. Ich hoffe doch sehr, dass all diese jungen Millionäre, die sich keine Gedanken mehr über ihr finanzielles Auskommen machen müssen, Respekt vor den Menschen auf den Zuschauerrängen haben, die für ihre Tribünenkarte lange sparen müssen. Ich hoffe doch sehr, dass all diese mit Applaus übersäten Spieler großen Respekt vor den Balljungen haben. Und so weiter. Der Trainer allerdings muss für die Spieler mehr sein als "nur" eine Respektsperson. Der Trainer muss eine Autorität darstellen. Die Spieler müssen seinen Anweisungen folgen. Salopp gesagt: Wenn der Trainer sagt „Linksrum!" dann geht's für alle linksrum. Wenn er sagt „Rechtsrum!", dann geht's für alle rechtsrum. Sie können nicht erst eine interne Arbeitsgruppe gründen, um die taktischen Anweisungen zu hinterfragen. Die Spieler müssen dem Trainer glauben, nicht den Respektspersonen, die als Zuschauer von der Tribüne auf den Platz herunter schreien: "Lauf schneller, du..."

Alles läuft auf die letzte Frage hinaus: Bist du für dich selbst eine Autorität? Glaubst du dir? Vertraust du dir? Hältst du deine eigenen Anweisungen an dich selbst ein, ohne sie ständig zu hinterfragen? Und befolgst du sie, ohne ständig jemanden anderen um Erlaubnis zu fragen oder um Einverständnis zu bitten?

Der Dalmanuta Lehrer Wolfgang Lübke sagte einmal während eines Seminars in Israel: "Ich bin so stolz auf meine Tochter. Sie hat nie auf mich gehört!"

Ich könnte dir hundert Werkzeuge für dein Selbstcoaching an die Hand geben, doch wenn du dich nicht als glaubwürdiger Coach empfindest, werden dir die Werkzeuge nicht weiterhelfen können. Was könnte der Trainer einer Fußballmannschaft bewirken, wenn das Team ihm nicht vertraut?

Wenn die Spieler alle Anweisungen des Trainers in Frage stellen würden?
Für dein Leben bist du selbst der Coach!
Wir können andere um Hilfe bitten, aber die Verantwortung und die Entscheidungshoheit haben wir selbst.

Was du tun kannst: Sei eine Autoritätsperson! Jederzeit für dich selbst und manchmal auch für andere! Übe, dieses Gefühl auszuhalten!

Ein kleines Training dafür ist die folgende Übung:
Schaue jeden Tag einem Menschen in die Augen und sage dir im Stillen:
"Wir beide sind auf gleicher Augenhöhe!"

Und:
Frage dich nie mehr: "Wer bin ich?"
Frage dich nur noch: "Wo bin ich?"
Und die Antwort lautet immer:
"HIER!"
Du warst noch nie woanders. Egal an welchem Ort sich dein Körper befunden hat, in deinem Inneren warst du immer:
HIER!

In den Situationen unseres Lebens fragen wir uns oft, welche Rolle ich gerade in der Beziehung, im Job, in der Familie und so weiter, spiele. Wer bin ich?

Auch Selbstzweifel beruhen auf dieser Frage. Sie kommen in Varianten wie zum Beispiel: "Bin ich gut genug?" "Wer bin ich im Vergleich zu den anderen?" und so weiter.

Der Weg hinaus führt nicht über den Ehrgeiz, den inneren Zweifel zu eliminieren und Anstrengungen zu unternehmen, das Gegenteil davon in sich zu schaffen. Der Weg besteht vielmehr darin, die falsche Frage gegen die richtige auszutauschen.

Statt: "Wer bin ich?" "Wo bin ich?"

Die Fragen: "Wer bin ich?" kann unterschiedlich beantwortet werden. Je nach Situation bist du die Täterin oder das Opfer, der Gewinner oder der Verlierer, die Starke oder die Schwache, der Mensch, der nachträgt oder der Mensch, der vergibt.

Die Frage "Wo bin ich?" kann bezogen auf dein Gefühlsleben immer nur gleich beantwortet werden. "Hier!"

Alle Gefühle sind in dir und haben ihre Berechtigung. Kein Gefühl ist falsch. Das eine Gefühl kann es ohne das Gegenteil nicht geben. Die Freude nicht ohne die Traurigkeit, die Gelassenheit nicht ohne den Ärger, die Hoffnung nicht ohne die Befürchtung und so weiter. Besser gesagt: In jedem Gefühl ist das scheinbar Gegenteilige enthalten. Ohne die Existenz von Selbstzweifeln gäbe es kein Selbstvertrauen. Mal ist die eine Gefühlsqualität im Licht und mal die andere. Mal leuchtet die Freude aus deinen Augen und mal die Traurigkeit. Mal schaust du vertrauensvoll, mal zweifelnd. Mal strahlst du Stärke aus und manchmal Schwäche. Immer im Wechsel, so wie alles Lebendige. Mit deinen Gefühlen berührst du dein Leben.

Die Traurigkeit ist kein Widerspruch zur Freude. Die Angst ist kein Widerspruch zum Vertrauen. Der Ärger ist kein Widerspruch zur Gelassenheit. Und so weiter. Ohne das eine Gefühl wäre das andere nicht möglich.

Jede Situation im Außen verursacht ein anderes Gefühl in uns. Und jedes Gefühl in uns verursacht wiederum eine andere Situation im Außen.

Viele Menschen glauben, dass sie Opfer der Umstände sind. Sie übersehen dabei, dass sie Täter sind. Täter im positiven Sinne. Täter im Sinne von: etwas tun. Wir sind die Schöpfer unserer Realität. Wir erschaffen

Situationen. Am laufenden Band. Wir erschaffen Situationen, wenn wir sprechen, und wir erschaffen Situationen, wenn wir schweigen. Wir erschaffen Situationen, wenn wir etwas tun, und wir erschaffen Situationen, wenn wir etwas unterlassen. Das ist die Macht, über die wir verfügen. In diesem Sinne bedeutet Selbstbewusstsein auch, die Macht unseres Selbst anzunehmen und zu akzeptieren. Auf welche Weise? Ganz einfach: indem wir sie so bewusst wie möglich ausüben.

Vor einigen Jahren notierte ich mir ein Zitat, von dem ich leider vergessen habe, woher ich es habe. Es klingt auf jeden Fall danach, dass es ein wenig älter ist. Es lautet:

"Ich schälte gerade einen roten Apfel aus unserem Garten, als ich plötzlich verstand, dass das Leben mir nichts anderes schenken würde als eine Abfolge wunderbarer, unlösbarer Probleme – und mit diesem Gedanken schwappte ein Ozean des tiefen Friedens in mein Herz."

Immer wieder ereignen sich spontane Situationen, auf die du reagieren musst. Es hört niemals auf. Das Leben berührt dich und du berührst das Leben. Manchmal sanfter, manchmal fester. In manchen Situationen reagierst du entspannt, in anderen energisch.

Gehe bewusst in den Wechsel zwischen Beobachten und Berühren. Du beobachtest, und dann berührst du wieder. Du beobachtest die Bewegung und die Veränderung des Lebens. Sie geschieht von ganz allein. Du brauchst nichts dafür zu tun. Du setzt dich beispielsweise hin und meditierst. Achte nur auf dein Ein- und Ausatmen. Der Atem kommt und geht, ohne Anstrengung. Oder du suchst dir einen Platz in der Natur und schaust auf die Bäume oder das Wasser oder auch nach oben in den Himmel. Dann stehst du auf und nimmst bewusst Kontakt auf mit den Geschehnissen in deinem Leben.

In stressigen Zeiten sehnen wir uns oft danach, uns zurückzuziehen und dem Trubel des Lebens zu entfliehen. Doch auch wenn wir uns abschotten, wirken die Gesetzmäßigkeiten des Space fort. Es gibt weiterhin Bewegung, Spontaneität und Energieumwandlung. In einem weiten Raum kann vieles gedeihen und wachsen, während in einem engen Raum alles zu nahe erscheint. Ein begrenzter Raum begünstigt interne Prozesse, da die Weite für umfassende Entfaltung fehlt.

Also verenge nicht unnötig deine Welt! Lass die Türen offen für Überraschungen. Manche verschließen die Türen aus Angst vor "bösen" Überraschungen. Doch wenn die Türen zu sind, können auch keine guten Überraschungen in unsere Welt eintreten.

Viele persönliche Probleme beruhen auf dem Glauben an die eigene Wertlosigkeit. Ursache dafür sind oftmals emotionale Verletzungen und mangelnde Anerkennung und Wertschätzung in der Kindheit. Das Selbstwertgefühl des Kindes entscheidet in bedeutendem Maße über die künftigen Handlungen und Verhaltensweisen des Erwachsenen. Menschen mit einem Selbstwertgefühl, das vom Mangel gekennzeichnet ist, ziehen unterschiedliche Konsequenzen. Manche versuchen es mit Leistung, rackern als Erwachsene wie verrückt, um von anderen Menschen Anerkennung und Wertschätzung zu erlangen. Andere bemühen sich um Harmonie, versuchen beispielsweise mit Geschenken, sich die Liebe der Zeitgenossen zu verdienen. Wieder andere ziehen sich zurück. Ihr Glaube an die eigene Wertlosigkeit hindert sie an der erfolgreichen Durchführung von Projekten, die ihnen Freude bereiten würden. "Das schaffe ich sowieso nicht" ist ihr vorherrschender Gedanke, der sie bei den ersten Schwierigkeiten aufgeben oder erst gar nicht anfangen lässt. Auf diese Weise entsteht ein teuflischer Kreislauf: Sie tun nichts, weil sie an ihr Scheitern glauben, und weil sie nichts tun, scheitern sie. Ihr Glaube wird somit bestätigt.

Solange wir uns selbst nicht mit Haut und Haaren, mit all unseren Stärken und Schwächen akzeptieren und respektieren, werden wir mangelnde Anerkennung durch andere empfinden.

Mangelnde Selbstakzeptanz und mangelndes Selbstvertrauen sind die Quelle für Unsicherheit. Unsicherheit wiederum führt zu vielen Problemen im Umgang mit anderen. Ein unsicheres Auftreten oder aber der Versuch der Kompensation durch übertriebenes Zurschaustellen einer nicht vorhandenen inneren Sicherheit ist der Nährboden für unwahrhaftige, im schlimmsten Fall sogar toxische Beziehungen, sowohl zu anderen als auch zu sich selbst.

Ein Dilemma liegt darin, dass wir uns selbst nicht objektiv betrachten können. Ein Außenblick auf uns selbst bleibt uns verwehrt. Aus diesem Grund sind wir oft auf der Suche danach, wie andere uns wahrnehmen. Wir suchen unsere Selbstbestätigung im Äußeren, wo sie sich jedoch nicht finden lässt. Um zu Selbstakzeptanz und Selbstvertrauen zu gelangen, ist es erforderlich, die Perspektive zu ändern und unseren Blick nach innen zu lenken. Dies geschieht nicht mit den Augen des Verstandes, sondern vielmehr mit den Augen des Herzens. Unser Ziel ist nicht, uns selbst zu analysieren, sondern zu erkennen, wer wir wirklich sind: nicht in einem statischen Zustand, sondern ständig im Wandel, nicht begrenzt, sondern zeitlos! Die Botschaft lautet:

"Du bist kein Individuum, sondern ein Ereignis!"

Das Leben ist immer in Bewegung und Veränderung. Oder anders ausgedrückt: Das Wesen alles Lebendigen ist Bewegung und Veränderung. Da wir lebendig und somit Teil des Lebens sind, befinden wir uns auch immer in Bewegung und Veränderung. Wir sind ein nicht abgeschlossener Prozess. Und dieses Leben findet immer in diesem Moment statt, im Hier und Jetzt. Mit unserem Verstand versuchen wir regelmäßig, diesem Hier und Jetzt zu entfliehen. Wir denken entweder an Vergangenes oder an Zukünftiges oder fragen uns: "Was passiert gerade woanders?" Auch wenn dieser Gedanke unseren Verstand im Jetzt belässt, ist er nicht im Hier. Letztendlich jedoch gibt es kein Entkommen vor uns selbst. Und je mehr wir mit unserem Verstand außerhalb des Hier und Jetzt sind, desto stärker haben wir das Gefühl, den Augenblick zu verpassen. Eine Teilnehmerin meiner Seminare sagte einmal: "Ich hatte ein gutes Leben. Aber ich habe es nie gemerkt."

Unsere große Sehnsucht ist die intensive Teilnahme an unserem eigenen Leben. Wir sehen uns nach intensiver Liebe, nach intensiver Freude, nach intensivem Glücklichsein. Doch mit dieser Intensität erfahren wir auch die andere Seite der Gefühle: Wir erleben intensive Traurigkeit, intensiven Zweifel, intensive Furcht, intensiven Schmerz. Das ist der Grund, weshalb wir manchmal mit Hilfe unseres Verstandes Fluchtversuche starten. Wir fliehen vor uns selbst, vor unseren Gefühlen, vor dem Leben. Letztendlich jedoch gibt es kein Entkommen. Am Ende werden wir eingeholt, von uns selbst, von unseren Gefühlen, vom Leben.
(Während des Schreibens dieser Zeilen fällt mir ein Slogan ein, den wir bei der Spezialeinheit der Polizei in den 90er Jahren intern verwendet haben: "Wir kriegen euch alle!")

Während eines Seminars leitete die Dalmanuta-Lehrerin Diana Tabke die Teilnehmer mit einer meditativen Frage an: "Welchem Gefühl versuchst du zu entkommen?" Sie bat jeden Teilnehmer nacheinander, aufzustehen und das Gefühl zu benennen, vor dem sie aktuell flüchten möchten. "Sei dir bewusst, dass dieses Gefühl dich begleitet, wohin auch immer du gehst. Es gibt kein Entkommen!", betonte Diana. Anschließend bat sie einen der Seminarcoaches, direkt hinter den Teilnehmer zu treten und ihn beim Durchqueren des Raumes zu begleiten. Die Person ging nun mit dem Bewusstsein durch den Raum, dass das Gefühl unermüdlich folgte. "Sobald du bereit bist, halte an und wende dich um. Trau dich, dem Gefühl direkt ins Gesicht zu sehen und wenn du magst, umarme es!", führte Diana die Übung weiter.

Matthias Gockel ist Palliativmediziner aus Berlin. Er hat ein bemerkenswertes Buch geschrieben: "Sterben - Wir brauchen einen neuen Umgang mit dem Tod." Matthias sagte mir einmal während eines Spaziergangs, dass viele Menschen am Ende ihres Lebens feststellen: "Ich habe nicht genug gelebt!" Damit meinen sie nicht die Länge ihres Lebens, sondern die Intensität.

Wer intensiv lebt, umarmt seine Gefühle, statt vor ihnen wegzulaufen.

Am Ende des Lebens kommt es nicht darauf an, welche Ergebnisse du erzielt hast, ob jedes Projekt, jede Beziehung usw. erfolgreich war. Entscheidend ist, ob die Erfahrung dich erfüllt hat. Und diese Erfüllung besteht immer aus Emotionen, immer aus Gefühlen! Niemand sagt am Ende seines Lebens: "Ich habe nicht genug nachgedacht..." Oder: "Ich habe zu wenig in der Vergangenheit und Zukunft gelebt."

Das häufigste Bedauern am Lebensende ist das Gefühl, nicht genug Frieden geschlossen zu haben. Damit meinen die Menschen nicht unbedingt den Frieden mit sich selbst – diesen erhält man oft in den letzten Stunden oder Tagen des Lebens geschenkt. Vielmehr bezieht sich das Bedauern darauf, nicht genug Anstrengungen unternommen zu haben, den ersten Schritt zu machen und Streitigkeiten mit dem Bruder, der Schwester, dem Sohn, der Tochter, dem Vater, der Mutter, dem besten Freund oder der besten Freundin zu beenden. Dabei ist es weniger wichtig, ob der Versuch, Frieden zu schließen, erfolgreich war oder nicht, besonders wenn die andere Person am Streit festhalten möchte. Am Ende des Lebens zählt die Tatsache, ob wir zumindest den Versuch unternommen haben.

Der Wunsch des Verstandes ist die Kontrolle über das, was geschieht. Doch das Leben selbst entzieht sich dieser Kontrolle. Wir können unsere

Geburt nicht kontrollieren und unseren Tod werden wir auch nicht kontrollieren können. Weder den ersten Tag unseres Lebens noch den letzten. Woher also nehmen wir den Glauben, dass wir die Tage dazwischen kontrollieren könnten...?

Jesus forderte seine Schüler auf, über das Wasser zu gehen. Dies symbolisiert, dass das Leben kein sicherer Boden ist, auf dem man festen Schrittes voran geht. Es ist unsicher und birgt Risiken. Es erfordert Vertrauen.

Nimm dir einen Moment Zeit für eine meditative Übung: Lenke deine Aufmerksamkeit auf deinen inneren Raum. Du besitzt die Fähigkeit, die Beschaffenheit dieses inneren Raumes zu verändern. Du kannst erschaffen. Versuche nun, dir vorzustellen, wie du das Gefühl des "Vertrauens" kreierst. Stelle dir nicht die Frage: "Worauf vertraue ich?" sondern erschaffe aktiv das Vertrauen selbst!

Mit dem Vertrauen schaffen wir Mut. Ein Zitat, das mir der Dalmanuta Lehrer Stephan Kaiser sagte, lautet:

"Vertrauen ist die stillste Art von Mut."

Wir sollten den Mut haben, so bewusst wie möglich zu leben. Wir sollten den Mut haben, alle Gefühle anzunehmen, sowohl die schönen als auch die weniger schönen, die angenehmen wie die unangenehmen, die positiven wie die negativen. Denn am Ende geht es bei allen Erfahrungen im Leben nur um eines:

Es geht immer nur um Liebe!

Die Gebrauchsanweisung für ein Leben „Total im Hier und Jetzt" lautet:

"Lebe so bewusst, dass selbst der Tod, wenn er kommt, dich nicht umbringen kann!"

Ein Mensch, der vollkommen im Augenblick lebt, macht sich keine Gedanken darüber, ob sein Sprechen und Handeln einvernehmlich mit seinem Sprechen und Handeln in der Vergangenheit ist. Ein Mensch, der vollkommen im Augenblick lebt, macht sich keine Gedanken darüber, welche Konsequenzen sein Sprechen und Handeln in der Zukunft haben. Ein Mensch, der vollkommen im Augenblick lebt, ist unberechenbar. Für sich selbst und ebenso für andere.

Sage dir selbst immer wieder:

"Ich bin ein nicht abgeschlossener Prozess und es ist riskant und gefährlich, mit mir zu leben."

Und gewöhne dich daran, Räume bewusst zu betreten und wieder zu verlassen. Halte kurz inne, bevor du reingehst, und ebenso, bevor du rausgehst. Der Raum ist ein Symbol für die Situation, die du betrittst. So verhinderst du, dass du am Abend das Gefühl hast, zwar den ganzen Tag über funktioniert zu haben, aber nicht bewusst gelebt zu haben.

Wenn wir Räume und Situationen unseres Lebens betreten, treten wir in Kontakt mit den universellen Prinzipien des "Space". Diese Prinzipien können auch als Gesetze oder Wirksamkeiten betrachtet werden, da sie sowohl die sichtbare als auch die unsichtbare Welt prägen.
Sieben Gesetze wirken im Space:
1. Bewegung
2. Rhythmus
3. Einheit
4. Werterfüllung
5. Energieumwandlung
6. Spontanität
7. Dauerhaftigkeit

Es gibt keinen Stillstand, alles ist immer in Bewegung. Die Natur ist in Bewegung, das Wasser, der Wind, die Jahreszeiten. In unserem Körper ist Bewegung, das Blut fließt, Zellen erneuern sich und so weiter. Niemand kann den Alterungsprozess des Körpers aufhalten (auch wenn manche Kosmetikfirmen das Gegenteil behaupten...) Unsere Gedanken und Gefühle sind in Bewegung.

Und diese Bewegung vollzieht sich im Rhythmus von Einatmen und Ausatmen: Ebbe und Flut sind das Ein- und das Ausatmen des Wassers, Tag und Nacht sind das Ein- und Ausatmen des Lichts, Frühling und Herbst, Aufblühen und Verblühen, sind das Ein- und das Ausatmen der Erde. Es ist der Rhythmus von Annähern und Entfernen. Der Atem nähert sich dem Körper an und entfernt sich von ihm wieder, das Wasser des Meeres nähert sich dem Ufer an und entfernt sich wieder, das Sonnenlicht nähert sich an und entfernt sich wieder.

Alles ist miteinander verbunden und bildet die Einheit von „Allem was ist". Du kannst dich nicht lösen oder trennen. Wohin du auch gehst, über dir ist derselbe Himmel. Man könnte sagen: Es gibt kein Entkommen. Du bist ein Teil von „Allem was ist" und „Alles was ist" ist Teil von dir.

Alles strebt danach zu werden, was es ist. Ein Same wird zum Baum, eine Raupe zum Schmetterling, ein Welpe zum Hund und ein Kitten zur Katze. Ein kleines Mädchen wird zur Frau, ein kleiner Junge wird zum Mann. Die Werterfüllung ist der Drang der Bewegung und die Sehnsucht nach Erfüllung. Auch in uns wirkt das Gesetz der Werterfüllung. Die Seele strebt danach, ihren Auftrag zu erfüllen, das Unsichtbare ins Sichtbare zu bringen.

Die Transformation des Unsichtbaren zum Sichtbaren ist ein möglicher Ausdruck des Gesetzes der ständigen Energieumwandlung. Es zeigt sich zum Beispiel auch durch unsere Selbstheilungskräfte. Jede Anstrengung, jede

Kraft, die wir investieren, verwandelt sich umgehend. Jedes Wort, das wir sprechen, jede Tat, die wir tun, hat Auswirkungen. Dein Malen wird zum Bild, dein Schreiben wird zum Text. Wir erschaffen Situationen im Außen und Emotionen im Innern.

Die beiden letzten Gesetzmäßigkeiten in dieser Aufzählung sind Spontanität und Dauerhaftigkeit. Alles was ist, pulsiert, unaufhörlich und unkontrolliert. Wetterphänomene sind ein beispielhafter Ausdruck dieser unkontrollierten Spontanität. Das Leben ist kein Zustand, sondern eine ständige Abfolge von Impulsen. Je nachdem, wie du es betrachten möchtest, ist dies eine gute oder eine schlechte Nachricht: Es wird niemals Ruhe im Sinne von Stillstand in deinem Leben geben. Du wirst immer innerhalb einer Situation sein, die sich ständig verändert. Mal merkst du diese Veränderung mehr, mal weniger. Es wird nie wieder aufhören. Das Gesetz der Dauerhaftigkeit zeigt sich durch die Ewigkeit des Hier und Jetzt. Du bist immer hier, du bist immer jetzt. Niemals kannst du abwesend sein. Abwesend bist du immer nur für andere, aber niemals für dich selbst.

Umgekehrt ist es auch so: Wenn ein Mensch von dir gegangen ist, ob innerhalb des irdischen Lebens oder darüber hinaus, kannst du darauf vertrauen, dass er nicht verschwunden ist. Er beziehungsweise sie ist immer nur abwesend in deiner Wahrnehmung.

Welche Kraft steckt nun hinter diesen Gesetzmäßigkeiten? Das ist die große Frage sowohl der Religionen als auch der Naturwissenschaften. Es muss eine Kraft geben, die alles in Bewegung hält. Für diese Erkenntnis benötigt man weder ein Physik- noch ein Theologiestudium. Dass es diese Kraft gibt, ist sowohl in spirituellen als auch in naturwissenschaftlichen Kreisen unbestritten. Die große Frage aber lautet: Ist diese Kraft lebendig oder mechanisch, ist sie sich ihrer selbst bewusst oder unbewusst?

Die Religionen und andere spirituelle Traditionen glauben an die beiden ersten Alternativen: Lebendig und sich selbst bewusst. Diese Annahme verbreitet sich auch immer mehr in der Wissenschaft. Beinahe alle Nobelpreisträger der Physik der vergangenen Jahre neigen zu der Ansicht, dass hinter allem Natürlichem eine geistige Kraft wirkt, die mit den derzeitigen Instrumenten und Versuchsanordnungen nicht zu greifen, nicht zu erfassen, nicht zu erklären ist.

Eine Kraft, die Lebendiges erschafft, kann nicht unlebendig sein. Wenn sie lebendig ist, muss sie sich auch bewusst sein. Bewusstheit ist ein Merkmal des Lebendigen. Auf uns selbst bezogen: Was wäre das für ein Leben, wenn wir es nicht spüren würden?

Ein Kriterium von Bewusstheit ist Absicht. Wenn wir etwas bewusst machen, handeln wir mit Absicht. Die bewusste Schöpferkraft ist absichtsvoll. Ein wunderbares Zitat ist der Beginn des Johannesevangeliums: "Am Anfang war das Wort..." Das Johannesevangelium ist in altgriechischer Sprache geschrieben worden. Der Begriff für das ins deutsche übertragene Wort lautet "Logos". Logos bedeutet ursprünglich "Sinn". Folgt man dem Ursprung, heißt es: "Am Anfang war der Sinn..."
Wenn am Anfang der Sinn war, kann anschließend nichts Sinnloses folgen.

Die sieben Gesetzmäßigkeiten sind das Versprechen des Lebens an dein ICH, dass alles in Bewegung bleibt, du mit allem verbunden bleibst und sich alles in die Richtung der Werterfüllung entwickeln wird. Und es verspricht dir die Dauerhaftigkeit. Dein Leben wird niemals enden!

Das Gesetz der Werterfüllung ist ein Beweis für die Bewusstheit und Sinnhaftigkeit der Schöpferkraft. Wenn alles wird, wozu es bestimmt ist, muss die Bestimmung selbst vorhanden sein. Die Bestimmung ist der Sinn, der sich durch die oben beschriebenen Wirksamkeiten zeigt. Die Bewegung, der Rhythmus, die Spontanität und die Dauerhaftigkeit sind Ausdruck des Sinns, der hinter allem wirkt, was ist.

Nun stellt sich die nächste große Frage nach der Qualität des Sinns: Ist die Absicht der Schöpferkraft gut oder böse? Sind wir Teil einer guten oder Teil einer bösen Kraft?
Die Antwort auf diese Frage bestimmt die Grundeinstellung eines Menschen. Wer glaubt, dass die Kraft des Lebens in guter Absicht wirkt, hat Urvertrauen. Wer an das Gegenteil glaubt, muss sich vermeintlich immer gegen die Kraft verteidigen.

Viele Religionen lösen die Frage durch die Trennung zwischen Gott und Teufel. Gott verfolgt vermeintlich den guten, Satan den bösen Sinn. Diese Gläubigen unterliegen dem Irrtum der Verwechslung zwischen der Ursache und der Wirkung. Die eine, universelle Schöpferkraft ist die Ursache von „Allem, was ist". „Alles, was ist", verfügt über Bewusstheit und somit über die Fähigkeit der Absicht. Die Möglichkeiten der Absicht sind unbegrenzt.

Das, was jeder einzelne von uns aus seinem Leben macht, ob wir aufbauend oder zerstörerisch unterwegs sind, ob wir im Namen der Liebe oder des Hasses handeln, unterliegt unserer eigenen Verantwortung. Wir können die Verantwortung auf keinen von uns getrennten Gott, auf keinen von uns getrennten Teufel schieben. Wir verkörpern manchmal das Gute und manchmal das Schlechte. Wir selbst sind das "Göttlich Gute" und das "Teuflisch Böse". Das Geschenk der Bewusstheit beinhaltet die Verantwortung. In diesem Sinne: Vater vergib ihnen nicht, denn sie wissen, was sie tun...

Hass, Krieg und Zerstörung beruhen unter anderem auf dem Glaubenssatz der Trennung. Es ist immer der Kampf: Wir Guten gegen die anderen Bösen.

Wer den Glauben an die Trennung überwunden hat, erkennt in den Augen eines anderen sich selbst. Liebe deinen Nächsten wie dich selbst!

Schau dir das Bild eines Babys an. Falls du das Glück haben solltest, dass ein Baby in deiner Nähe ist, dann mach die Übung live. Sei dir bewusst, dass dieses kleine Kind noch nicht von den Glaubenssätzen der Erwachsenen geprägt ist (fast hätte ich statt "geprägt" "verdorben" geschrieben...). Das Baby glaubt noch nicht an ein Ende, an Trennung, an Identität. Dann frage dich: "Ist die Geburt dieses kleinen Menschen sinnvoll oder nicht? Kommt es in guter oder in böser Absicht?"

Ich bin überzeugt davon, dass für Dich, lieber Leser, die Antwort klar und selbstverständlich ist. (Falls nicht, leg dieses Buch weg und schnapp dir stattdessen das Alte Testament oder schau dir den Film "Shining" an...)

Babys sind spirituelle LehrerInnen. Ihre Tools sind keine Worte, sondern ihre bloße Existenz. Mit einem Baby kannst du nur auf der Körperebene und auf der spirituellen Ebene kommunizieren, jedoch nicht auf der Ebene des Verstandes. Du kannst mit einem Baby nicht diskutieren. Es hat noch keine Worte. Du kannst es umarmen, berühren und ihm in die Augen sehen. Frag dich, ob das, was du dann siehst, wirklich nur eine zufällige Ansammlung von Molekülen ist? Frag dich, ob das, was du siehst, wirklich nur ein sichtbarer Körper ist? Wenn du ihm in die Augen siehst, erkennst du, woher es kommt: Aus der Unendlichkeit! Du siehst in die Augen eines geistigen Wesens, das den Mut hat, einen Abstecher durch die Endlichkeit zu machen.

Wer würde einem Baby sagen: "Dein Leben macht keinen Sinn..." Oder: "Deine Geburt ist das Werk des Teufels..." Oder: "Du bist bestimmt in böser Absicht geboren worden..."

Und wenn du das Bild noch in der Hand hast oder dein Blick auf das Baby in deiner Nähe gerichtet ist, dann frage dich: "Hat dieses kleine Wesen das Recht, in seinem Leben glücklich zu werden?"

Eine Teilnehmerin sagte in einem Seminar den Satz: "Ich habe nicht das Recht, geliebt zu werden." Ich fragte sie daraufhin: "Würdest du einem Baby ins Gesicht sagen, dass es nicht geliebt werden darf?" "Nein, natürlich nicht", erwiderte sie.

"Weißt du, von welchem Baby ich spreche?" fragte ich weiter. "Ich rede von dir. Du warst so ein kleines Wesen und hast mir gerade bestätigt, dass du dir damals nicht das Recht, glücklich zu sein, abgesprochen hättest. Was ist in der Zwischenzeit passiert, dass du es heute tust?"

Wir sollten uns immer wieder an den Anfang erinnern, um zu erkennen, worum es in unserem Leben geht. Wir kommen verletzbar und schutzlos zur Welt. Ein Baby könnte ohne Hilfe von außen keinen Tag überleben. Im Laufe der Zeit müssen wir selbst für unseren Schutz sorgen, und zwar mit der gleichen Aufmerksamkeit, die es von anderen erforderte, als wir klein waren.

"Jede Situation in deinem Leben ist eine von deiner Seele erschaffene Lernerfahrung, um dir zu zeigen, wie du mehr Kraft und mehr Liebe entwickeln kannst", sagten meine spirituellen Lehrer.

Im Februar 2023 traf ich Aviv in Jerusalem. Genauer gesagt: im österreichischen Gästehaus am Damaskustor, im Herzen der Jerusalemer Altstadt. Falls du auf deiner Jerusalem Tour den Drang nach einer Sachertorte verspüren solltest, kommst du an dieser Location nicht vorbei. Im Garten des Cafés hat man einen fantastischen Blick über die Dächer von Jerusalem. Bei Schnitzel, Torte und Eiskaffee mit Sahne kann man ein paar Mal am Tag den Muezzinruf hören. Es ist - so wie vieles in dieser Stadt - einfach surreal. Im Innenraum des Cafés hängen an den Wänden große Ölgemälde mit Porträts der Regenten des ehemaligen österreichischen Kaiserreichs. Unter dem Abbild von Kaiser Franz Joseph I saß ein junger Mann an einem Tisch. Mein altes Polizisten Auge schätzte ihn auf Ende 20. Vor ihm ein Cappuccino und ein Laptop. Da alle Tische im Café besetzt waren, setzte ich mich neben ihn. Ich sagte kurz "Hallo", aber er grüßte nicht zurück. Er schaute gebannt auf den Bildschirm seines Laptops. Plötzlich rief er in den Bildschirm hinein ein lautes "F***".

Kleiner Einschub: Während des Schreibens bzw. Diktierens dieser Passage zeigt mir das Schreibprogramm ein "f" mit drei Sternchen. Offenbar geht das Programm davon aus, dass jeder weiß, welches Wort ich meine. Weiterhin scheint es davon auszugehen, dass man es nicht ausschreiben sollte. Dennoch schreibe ich es hier, ganz old school, noch einmal deutlich: Er sagte: "FUCK!") Nur dieses Wort, keines vorher, keines nachher.

Im gleichen Moment erschrak er, als er meine Anwesenheit neben ihm registrierte. Er wandte sich mir zu und sagte "Sorry". (Mit diesem Wort scheint mein Schreibprogramm keine moralischen Schwierigkeiten zu haben...) Wir kamen ins Gespräch. Er erzählte mir, dass er aus den USA komme und seit drei Jahren in Jerusalem lebe.

"The craziest town in the world," sagte er.

Dann fragte er mich, ob ich als Tourist oder geschäftlich in Jerusalem sei.

"Sowohl als auch", antwortete ich. Ich erzählte ihm von den Israel-Seminaren für Meditation Lehrerinnen und Lehrer. "Zurzeit bereite ich das nächste vor", erklärte ich ihm den Grund meines aktuellen Aufenthaltes.

"Ich meditiere auch", sagte Aviv.

"Aber es funktioniert nicht, ich erreiche nicht mein Ziel."

"Welches Ziel?" fragte ich. "Meditation ist die totale Akzeptanz des Hier und Jetzt. Akzeptanz will nichts erreichen", ließ ich den Meditationslehrer heraushängen.

"Ich möchte meine Angst loswerden", sagte Aviv.

"Was hast du gegen Angst? Angst ist ein wichtiges Gefühl, oft sogar Ausdruck der Liebe. Einen Menschen zu lieben bedeutet manchmal auch, Angst um ihn zu haben. Wenn der geliebte Mensch krank ist, beispielsweise, machst du dir Sorgen um ihn. Und wenn du dich selbst liebst, hast du manchmal auch Angst um dich."
"Wenn wir die Angst komplett aus unserem Leben verbannen würden, verschwände auch die Liebe," beendete ich meinen kleinen Vortrag in der Hoffnung, dass Aviv mein schlechtes Englisch verstehen würde.

"Paralyzing fear!" sagte Aviv. "Lähmende Angst. Die Angst, die mich blockiert, die mich nicht mehr mit Leichtigkeit laufen, sprechen, handeln, lachen und tanzen lässt. Angst, die mir dauerhaft die Freude am Leben nimmt. "Diese Angst meine ich!"

Dann fragte er, ob ich als Meditationslehrer aus Deutschland eine Übung für ihn hätte. "Yes", antwortete ich in fließendem Englisch. "Close your eyes, schließe deine Augen."

Und dann führte ich im vollbesetzten österreichischen Café am Damaskustor in Jerusalem Aviv durch die sechs Stationen der Meditation, die ich "den Raum deiner Würde" nenne:

1. Sage "JA" zu dir selbst und "JA" zu deinem Leben.

2. Nun frage dich: Was ist jetzt alles in deinem Leben da, wofür du dankbar sein kannst?

3. Denke jetzt an einen anderen Menschen, der dein Mitgefühl gebrauchen
kann.

4. Beziehe dich selbst in das Mitgefühl mit ein. Empfinde auch Mitgefühl
für dich selbst!

5. Und dann erlaube dir wieder, dass du glücklich sein darfst in deinem
Leben.

6. Und bevor du gleich deine Augen wieder öffnest, setze ein äußeres Zei-
chen des Respekts: Respekt vor dir selbst, vor anderen und vor dem
Leben!

Für jede Station nahmen wir uns ein bis zwei Minuten Zeit. Nachdem Aviv nach seinem Zeichen des Respekts die Augen wieder öffnete, notierte er die Übung in seinem Laptop.

Mache diese Übung jeden Tag, sagte ich: "Every single day!"

Am nächsten Tag schrieb ich ihm per WhatsApp: "Hast du deine Übung schon gemacht?" Und freute mich über seine Antwort: "Yes, I did!"

Würde ist ein mächtiges Wort. "Die Würde des Menschen ist unantastbar" lautet einer der ersten Sätze des Grundgesetzes. Was aber nützt einem Menschen die Würde, wenn er sie in seinem Herzen nicht fühlen kann? Denn genau dort, im tiefsten Inneren, befindet sich der Raum der Würde.

Niemand kann uns die Würde nehmen. Wir haben sie von Geburt an und - nach meiner Anschauung - schon seit Ewigkeiten. Manchmal aber geben wir unsere Würde ab. Beispielsweise an den Vater oder die Mutter, an den Chef, an eine Freundin oder einen Fremden, je nach Situation. Es sind die Momente, in denen wir uns unwürdig fühlen.

Zum Beispiel durch

- ein verletzendes Wort, das uns gegenüber geäußert wird,

- eine verletzende Tat, die gegen uns begangen wird,

- eine Entscheidung, die gegen uns getroffen wird,

- Ignoranz, die uns gegenüber gezeigt wird

und so weiter.

Manchmal sind es auch unsere eigenen Taten, die uns anschließend unwürdig fühlen lassen. Daniela Steiner, die Verfasserin des Epilogs meines Buches "Das Dalmanuta Prinzip Band 1 - vom Beginn und von der Liebe" ist derzeit stellvertretende Vorsitzende der deutschen Sektion der weltweiten Initiative gegen die Todesstrafe. Sie fragte Pablo, der seit 1996 in Texas im Todestrakt einsitzt und bis zum heutigen Tag im Oktober 2023 auf seine Hinrichtung wartet:

"Was ist für dich Selbstliebe?"

Seine Antwort:

"Selbstliebe ist deine innere Selbstverteidigung. Damit wirst du schwierige Zeiten im Leben durchstehen. Es sind Zeiten, in denen du die Stärke in dir selbst spüren wirst. Wenn du dich nicht selbst liebst, respektierst du dich nicht."

Man mag sich kaum vorstellen, wie ein Mensch sich in einer solchen Situation der Perspektivlosigkeit fühlen mag, unabhängig davon, inwieweit er selbst diese Situation durch sein schuldhaftes Verhalten hervorgerufen hat.

Daniela zitierte Pablos Worte während eines meiner Seminare und fügte den Satz hinzu: "Alle Beziehungen werden auf der Grundlage der Selbstakzeptanz aufgebaut."

Die Beziehung zu uns selbst kann niemals gekündigt werden. Direkt und persönlich gesagt: "Es gibt kein Entkommen vor dir selbst!" Mit jeder

Erfahrung werden wir auf uns selbst zurückgeworfen. Auch dann, wenn wir glücklicherweise nicht in Gefangenschaft, sondern in Freiheit leben. Alles müssen wir in unserem Inneren verarbeiten. Niemand anderes kann diesen Job für uns übernehmen. Und bei manchen Erfahrungen haben wir das Gefühl, uns verteidigen zu müssen. Immer dann, wenn wir uns angegriffen fühlen, seelisch oder körperlich. Dabei geht es nicht nur um den Schutz unseres Körpers bzw. unserer Seele, sondern auch um unsere Würde!

"8 Tage" ist eine deutsche Fernsehserie, die das Szenario eines drohenden Asteroideneinschlags auf die Erde darstellt. Die Serie konzentriert sich auf eine Familie sowie deren Freunde und Nachbarn, die mit der Realität konfrontiert werden, dass sie nur noch acht Tage Zeit haben, bevor ein riesiger Asteroid auf die Erde zurast und eine weltweite Katastrophe auslösen wird. In der Schlussszene der Serie steht der Hauptdarsteller, ein Polizist in Uniform, der im Gegensatz zu den meisten anderen Menschen bis zum letzten Tag ordnungsgemäß zur Arbeit gegangen ist, zwanzig Minuten vor dem Einschlag des Asteroiden vor einem Auto, das im absoluten Halteverbot steht. Er füllt einen Strafzettel aus und steckt ihn an die Windschutzscheibe unter einen der beiden Scheibenwischer.

"Wie verrückt ist das denn?", staunte ich vor dem Fernseher. Die Welt steht kurz vor ihrem Untergang und der Polizist hat nichts anderes zu tun, als einen Falschparker zu ahnden, der das Bußgeld niemals zahlen wird, weil es in einer halben Stunde weder den Falschparker noch den Polizisten oder auch die Bußgeldstelle geben wird.

Doch dann, einige Minuten später, wurde mir klar, wie genial die Reaktion des Polizisten ist: Es geht um Würde! Er hat einfach in Würde das getan, was seiner Wahrheit entspricht.

Was würdest du am letzten Tag deines Lebens noch tun, weil es dir wichtig ist, selbst wenn die Welt morgen untergeht? Wenn du das für dich weißt, dann kennst du auch das, wofür du bereit bist zu sterben. Und wenn du weißt, wofür du bereit bist zu sterben, dann weißt du auch, wofür du bereit bist zu leben.

"Der Raum der Würde" ist eine wirkungsvolle Übung. Ich empfehle, sie täglich durchzuführen. Einmal am Tag gehe nach innen in deinen Raum der Würde, der Raum deiner Wertschätzung, deiner Selbstachtung, deiner Selbstannahme.

Sage als erstes kompromisslos und bedingungslos "JA" zu dir selbst und "JA" zu deinem Leben.

Das ist deine Basis, mit diesem JA fing alles an: Denn vor deiner Geburt wurde dir gesagt, dass du nun die Gelegenheit hast, in einen neuen Körper einzutauchen und du hast gesagt: "Ich will es wagen!" Und dieses JA muss jeden Tag erneuert werden! Selbstvertrauen ist kein Dauerzustand, sondern vielmehr eine tägliche Herausforderung.

Das tägliche "JA" ist keine Form des positiven Denkens, sondern Selbstakzeptanz in reinster Form. Du redest dir nichts schön, du redest dir aber auch nichts schlecht, sondern du sagst: "Ich nehme mich so an, wie ich heute bin." Und: "Ich nehme mein Leben so an, wie es heute ist." Ein gutes Mantra dafür lautet:

"Ich nehme die Herausforderung an, besinne mich auf meine Stärken und lasse mich führen!"

Das JA bedeutet Weite, Ein NEIN hingegen Enge. Mit unserem Nein manifestieren wir nur das, was wir ablehnen. Mit unserem JA leiten wir die Veränderung ein. An dieser Stelle kann ich mein altes Mülleimer Beispiel wieder heranholen: Stell dir einen vollen Mülleimer in deiner Küche vor.

Um ihn zu leeren, musst du den Mülleimer annehmen und nach draußen bringen. Dieses Annehmen ist sinnbildlich dein JA zu dem Müll. Solange du jedoch vor dem Eimer sitzen bleibst und NEIN rufst, tut sich nichts. Dessen Existenz zu leugnen ist keine Lösung. Auch positives Denken hilft da nichts: Der Eimer ist gar nicht voll... der Duft ist wunderbar...

Auch Dankbarkeit weitet den Blick. Wenn wir in unseren Sorgen gefangen sind, ist unsere Welt eng. Sorgen haben die Angewohnheit, die Gedanken und Gefühle voll und ganz auf sich zu lenken. Dabei übersehen wir oft, was trotz allem Schönes und Gutes in unserem Leben anwesend ist. Die Dankbarkeit ist Wertschätzung. Mit ihr schenken wir dem Guten und Schönen im Leben unsere Hochachtung.

Zu dem Wertvollen in unserem Leben gehören auch die Menschen, die wir lieben und die uns am Herzen liegen. Durch sie wird unser Leben reich. Diese Menschen sind zugleich diejenigen, um die wir uns Sorgen machen. Also strebe nicht nach einem sorgenfreien Leben. Denn wenn du niemanden mehr hast, um den du dir Sorgen machen kannst, ist dein Leben ärmer geworden.

Auch für uns selbst dürfen wir Mitgefühl empfinden. Oftmals vergessen wir das. Manchmal spüren wir uns erst, wenn wir krank sind beziehungsweise Schmerzen haben. Wenn es gut läuft, funktionieren wir und vergessen das Fühlen. Mitgefühl für sich selbst ist weder Selbstmitleid noch Egoismus. Es ist die unmittelbare Berührung unseres Lebens.

Du musst nicht glücklich sein, aber du darfst es! Du darfst auch eine Zeitlang unglücklich sein. Jedoch nicht aus dem Grund, weil du es dir verbietest. Viele Menschen haben sich, bewusst oder unbewusst, das Glücklich Sein verboten. Weil sie es möglicherweise als Verrat gegenüber einem geliebten Menschen empfinden, der nicht mehr glücklich sein kann. An unseren

Meditationsabenden nehmen Menschen teil, die ihr Kind verloren haben. Nach einer zumeist langen Phase von Schuldgefühlen, die objektiv unbegründet, aber dennoch vorhanden sind, haben sie gelernt, dass sie wieder Glück und Freude an ihrem Leben empfinden dürfen. Niemand kommt zu Schaden, wenn du glücklich bist!

Und gewöhne dir ein Zeichen der Respektsbekundung an. Eine Geste des Respekts vor dir selbst, vor anderen und vor dem Leben. Zeichen und Gesten sind machtvoll. Sie haben die Power, die Qualität in deinem Innern zu verändern. Sie können auch Situationen verändern. Eine Geste des Friedens kann einen Streit beenden, eine Umarmung kann Trost spenden, ein freundliches Lächeln kann Trennung überwinden und Verbindung schaffen.

Die Idee der Dalmanuta Räume entstand im Juli 2023 in London, genauer gesagt, in Kentish Town, einem Stadtteil im Nordwesten der Stadt. Ich wurde zu einem Seminar eingeladen, das ich vor einer kleinen Gruppe abhalten durfte. Am Abend des ersten Tages spazierte ich durch die Straßen von Kentish Town. Ein Plakat an der Mauer eines Hauses sprach mich an: "Stille Meditation jeden Montag von 18:30 Uhr bis 19:00 Uhr. Jeder ist willkommen!"

Ein großartiges Konzept, dachte ich. Jeder ist willkommen, ohne Voraussetzung und ohne vorherige Anmeldung. Was wäre, wenn es solche Angebote auch für die Meditation nach dem Dalmanuta Prinzip gäbe? Einen offenen Raum zur Begegnung mit sich selbst. Alle Teilnehmer wissen, was sie dort erwartet: Einmal in der Woche zwei wiederkehrende Übungen und einen aktuellen Impuls im Rahmen eines kurzen Vortrags. Die erste Übung ist der Friedensschluss mit sich selbst, die zweite ist "Der Raum der Würde", die Meditation der Selbstachtung und des Mitgefühls.

An verschiedenen Orten im Land bilden sich mittlerweile Teams von Dalmanuta-Lehrern, die solche Räume des Friedens und der Selbstachtung etablieren. Diese Räume befinden sich in unterschiedlichen Umgebungen wie Kirchen, sozialen oder kulturellen Institutionen, und sogar Hospizen zeigen Interesse daran. Stefanie Schremmer, eine Dalmanuta-Lehrerin, hat einen Raum des Friedens in einer Schule eingeführt, der sowohl Schülern als auch Lehrern offensteht. Es ist ermutigend zu sehen, dass dieses Angebot angenommen wird.

Ich persönlich glaube, dass es von großer Bedeutung ist, jungen Menschen zu vermitteln, dass sie nicht "falsch" sind. Viele Kinder wachsen mit dem Gefühl auf, dass sie störend sind.
Eine Teilnehmerin drückte es einmal so aus: 'Mir wurde immer wieder gesagt: Du bist zu laut!'

Die Jugendzeit, insbesondere die Pubertät, ist eine Zeit voller Selbstzweifel und Ängste, von der wir alle wissen, wie herausfordernd und schwierig sie sein kann. In der Kindheit werden wir stark von den Überzeugungen und Ängsten unserer Eltern und manchmal auch unserer Großeltern geprägt.

Eine Teilnehmerin meiner Seminare beschrieb ihre Mutter als "Befürchtungsweltmeisterin". Ihr Mantra hieß: "Ich habe es kommen sehen...." Die Mutter sei immer ängstlich gewesen, kein Schreckensszenario sei ihr fremd gewesen.

Das Gefühl der Angst ist nicht immer Ausdruck einer bevorstehenden Gefahr, sondern oft ein innerer Prozess der Weiterentwicklung. Es ist der Kontakt mit dem Leben, pur und intensiv, und manchmal auch schmerzhaft. So schmerzhaft, dass man es kaum aushalten kann. Manches Mal haben wir Angst um einen Menschen, den wir lieben. Und manchmal haben wir auch Angst um uns selbst. Es ist die Angst, die aus Liebe entsteht. Sie ist ein

Zeichen von Verbundenheit. Sie erinnert uns daran, wie kostbar das Leben ist. Dennoch existiert sie unabhängig von den Szenarien, die wir uns in unserem Kopf ausmalen.

Was war zuerst da? Die Angst oder das Szenario, vor dem ich vermeintlich Angst habe? Ich habe irgendwann für mich erkannt, dass die Angst zuerst da war und danach der Verstand versucht, mir zu erklären, wovor ich Angst habe. Wenn aber die Angst vorher da war, dann bedeutet das, dass das Gefühl der Angst nichts mit dem Szenario selbst zu tun hat. Die Angst ist unabhängig von dem Szenario. Also muss die Angst einen Sinn haben. Einen Sinn, der nichts mit dem befürchteten Szenario zu tun hat.

Eine der größten Angststörungen in der Psychiatrie ist das Symptom von Menschen, die keine Angst empfinden können. Nicht nur, dass sie ständig in Gefahr sind, weil sie keine Sensoren für gefährliche Situationen haben, sondern auch, weil sie sich nicht weiterentwickeln können. Angst führt auch zur Reflexion. Sie führt mich in den unmittelbaren Kontakt mit dem Leben. Ich kann nicht flüchten. Es gibt keinen Ausweg. Ich muss mich stellen. Ich schaue genauer hin.

Die Szenarien des Verstandes, die mir erklären wollen, wovor ich Angst habe, sind Einschränkungen. Solange ich an das Szenario glaube, kämpfe ich dafür. Und solange ich für diese Einschränkung kämpfe, werden sie bleiben. Der Grund für die paralysierende Angst, von der Aviv in Jerusalem sprach, ist nicht die Angst selbst, sondern das Szenario des Verstandes.

Mit meiner Entscheidung, etwas aus Angst nicht zu tun, obwohl ich es im Grunde meines Herzens tun oder erleben möchte, "kämpfe" ich für die Einschränkung. Die Einschränkung wird so lange bleiben, bis ich sie überwinde. Um sie zu überwinden, gibt es nur eine Möglichkeit: Ich mache es trotz der

Angst. Ich schaue meiner Angst ins Gesicht und sage ihr das klare Wort von Aviv und ergänze es mit "You". Und dann tue ich es!

Wer sich beispielsweise von seiner Flugangst davon abhalten lässt, in ein Land zu reisen, das er sehr gerne sehen möchte, bleibt zuhause und hat immer noch Flugangst. Wäre er oder sie geflogen, hätte er/sie höchstwahrscheinlich neue Erfahrungen gemacht. Und falls das befürchtete Szenario tatsächlich eintreten und der Flieger abstürzen sollte, ist die Angst ebenfalls verschwunden. Und der Verstand kann sagen: "Siehst du, ich hab's kommen sehen..."

Was du tun kannst:

Überwinde die Einschränkungen: Glaube nicht an die begrenzenden Szenarien des Verstandes. Handle trotz der Angst. Sage ihr deutlich "Fuck You" und wage es. Die wertvollsten Erfahrungen erwarten uns oft jenseits unserer Komfortzone. Am Ende der Angst kommt die Freiheit!

Jemand sagte einmal: "In der Hölle begegnet man einem einzigen Menschen: sich selbst. Es ist die Version von dir, die du hättest sein können, wenn du den Mut gehabt hättest."

In dem Song "Drop me down" des finnischen Sängers Mikko Joensuu heißt es im Refrain:

"It amazes me
It's not you, it's me
Who has kept me bound so long"

"Ich war erstaunt zu erkennen, dass nicht du, lieber Gott, mir die Fesseln angelegt hast, sondern dass ich selber war."

Nähe und Distanz, Veränderung und Stillstand sind weitere Grundthemen der Angst. Einige fürchten sich davor, in ihrer Freiheit zu sehr eingeengt zu werden, während andere befürchten, verlassen zu werden und später einsam zu sterben. Wiederum andere sorgen sich, dass ihre heile Welt zerstört werden könnte, während manche fürchten, dass sich ihr Leben nicht weiterentwickeln könnte. Spannungen entstehen, wenn Menschen mit gegenläufigen Ängsten aufeinandertreffen - sei es im Beruf, in der Familie oder, besonders heikel, in einer Liebesbeziehung. Wenn der Eine Angst vor Nähe und der Andere Angst vor Distanz hat, wenn der eine Veränderung scheut und der andere Stillstand fürchtet.

Ein Polizist, den ich kenne, trennte sich aus Angst vor Stillstand von seinen veränderungsscheuen Ehefrauen. Mittlerweile ist er dreimal geschieden und nun mit seiner Scheidungsanwältin verheiratet.

Kampf oder Flucht sind keine Lösungen zur Überwindung der Angst. Weder der Kampf gegen die Angst noch die Flucht vor ihr führen zum Ziel. Die Angst holt uns immer wieder ein. Eine vielleicht passende Analogie ist die bekannte Geschichte vom Hasen und dem Igel. Der Hase mag noch so schnell rennen, doch der langsame Igel ist immer vor ihm da.

Die Lösung liegt vielmehr in der Akzeptanz des Gefühls der Angst in Verbindung mit der Erkenntnis, dass das befürchtete Szenario eine Illusion des Verstandes ist. Beobachte also deine Angst, aber fixiere dich nicht auf sie. Die Fixierung geschieht, wenn man das Szenario im Detail ausmalt. Die Beobachtung hingegen geschieht in der Meditation. Ganz wertfrei, ohne Suche nach einem Ausweg. Du lässt die Angst zu und beobachtest sie. Wenn du sie beobachtest, wird sie sich verändern. Plötzlich stellst du fest, dass sich deine Angst gewandelt hat. Sie ist zu Traurigkeit, Dankbarkeit, Zuversicht oder sogar Liebe geworden. Diese Verwandlung ist der Sinn und Zweck der Angst, damit wir uns weiterentwickeln können.

Seelisches Wachstum geht oft mit dem Gefühl der Schwäche einher. Wenn wir uns stark fühlen, mögen wir uns gut fühlen, doch wir entwickeln uns nicht weiter. Das war eine der bedeutendsten Lektionen in meinem Leben. Als Kriminalbeamter strebte ich stets danach, mutig und stark zu sein. Doch meine persönliche Weiterentwicklung begann, als ich vom Thron der Stärke hinabstieg. Oder genauer gesagt, als ich betrunken stürzte. Die Leser meiner Bücher kennen die Geschichte meiner Trunkenheitsfahrt von 1996, die erstens den Verlust meines Führerscheins und zweitens meine Teilnahme an einem Reiki-Seminar zur Folge hatte. In den vergangenen zwei Jahrzehnten habe ich gelernt: Die Angst ist nicht mein Feind, sondern meine Freundin, die mal kommt und wieder geht. In den Momenten ihrer Anwesenheit fliehe ich nicht, sondern genieße ihre Gesellschaft. Natürlich freue ich mich jedes Mal, wenn sie mich wieder verlässt. Doch ich weiß und akzeptiere, dass sie zurückkommen wird.

In der US-amerikanischen Fernsehserie "From" sagt die erwachsene Donna zu dem kleinen Ethan, als er ihr von seiner Angst erzählt: "Ohne Angst wüssten wir nicht, was Mut bedeutet. Angst macht uns alle zu Helden."

Auf der Liste der Befürchtungsszenarien nimmt die Angst vor dem Versagen einen der vorderen Plätze ein. Die laute Stimme im Kopf sagt: "Du wirst scheitern und alle werden dich dafür verachten!"

Den Dalmanuta-Lehrern in der Ausbildung sage ich kurz vor ihrem Abschlussseminar, bei dem sie vor einer großen Gruppe ihre Meditationsarbeit vorstellen müssen: "Wenn du mit Wertschätzung vor den Menschen sitzt, kannst du nicht versagen! Und mache dir bewusst: Es geht nicht um dich. Es geht um deine Arbeit und um die Menschen, mit denen du arbeitest. Deine Nervosität ist ein Ausdruck des Respekts vor diesen Menschen und vor deiner Arbeit. Wärst du nicht nervös, hättest du keinen Respekt und keine Wertschätzung. Also ist alles gut! Und nicht zuletzt: Wenn es nicht um dich geht, kann dich auch niemand kritisieren."

Mein häufigster Ratschlag für die angehenden LehrerInnen lautet: "Achte nur auf dein Tun, nicht auf das Ergebnis!" Der gedankliche Fehler liegt oft darin, sein Tun ausschließlich nach einem erwünschten Ergebnis auszurichten. Doch das Tun selbst verdient deine Wertschätzung, nicht nur der erhoffte Erfolg. Erfolg ist immer das, was folgt. Da immer etwas folgt, ist in diesem Sinne jedes Tun erfolgreich.

Wer sich ausschließlich auf das Ergebnis konzentriert, ist nicht im Hier und Jetzt. Das Ergebnis deines Handelns wird sich erst in der Zukunft zeigen. Handeln kannst du nur im Hier und Jetzt. Wer niemals im Hier und Jetzt ist, ist nie ganz präsent. Wer niemals ganz präsent ist, ist nicht nur von der Gegenwart, sondern auch von der Wertschätzung entfernt. Wertschätzung ist eine innere Qualität in dir. Und zwar in diesem Moment.

Wertschätzung ist die Energie der Liebe. Jegliches Tun benötigt Energie. Energie im Sinne der Kraftanstrengung, die du für die Tätigkeit benötigst. Manchmal brauchst du mentale, manchmal körperliche Kraft und manchmal beides. Zugleich setzt dein Tun Energie frei. Diese Energie wirkt von der Gegenwart hinein in die Zukunft. Die freigesetzte Energie ist in diesem Sinne das Ergebnis deines Tuns und Handelns. Dabei ist allein entscheidend, in welchem Bewusstsein das Handeln erfolgt. Deshalb antworte ich auf deine Worte: "Manchmal habe ich Versagensangst" mit "Gott sei Dank!" Denn es wäre schade, wenn dein Tun nicht mit dem Respekt und der Wertschätzung verbunden wäre. Wertschätzung kann nie versagen!

Aus allem, was du wahrhaft mit Liebe tust und aus allem, was du wahrhaft aus Liebe tust, kann nichts Unliebsames folgen. Es mag sein, dass die

Erfahrung nicht immer bequem und angenehm ist, aber wer hat dir vor deiner Geburt schon versprochen, dass es nur darum ginge?

Denn unsere größte Angst ist es, von der Liebe überwältigt zu werden.

Immer dann, wenn du etwas aus Liebe tust, erschaffst du Freude. In dir selbst und manchmal auch in anderen. Mein Leitspruch dazu lautet: "Wo deine Freude ist, da ist deine Wahrheit!"

Ich glaube fest daran, dass jeder Mensch geboren ist, um etwas mehr Liebe in die Welt zu bringen. Jeder auf seine Weise, jeder an seinem Platz.

Deine Liebe zu anderen ist Nächstenliebe, deine Liebe zu dir selbst ist Selbstliebe und deine Liebe zum Leben ist Lebensfreude. Wenn Lebensfreude der Antrieb deines Handelns ist, erfüllst du deinen Auftrag in der Welt.

Viele streben nach äußerer Anerkennung und sind enttäuscht, wenn sie ihnen verwehrt wird. Salopp gesagt: Der Antrieb ihres Handelns ist der Wunsch nach Applaus. Sie sind in der nehmenden Richtung unterwegs. Ein Mensch jedoch, der aus reiner Freude und Liebe heraus handelt, ist in der gebenden Richtung unterwegs. Sie handeln aus reinem Herzen.

Selbstverständlich dürfen wir uns auch über Anerkennung freuen. Die Freude über die Anerkennung ist Wertschätzung. Wertschätzung für unser Projekt, für uns selbst und nicht zuletzt für den Menschen, der uns die Anerkennung erweist. Je größer unsere Freude, desto größer die Wertschätzung. Dennoch sollte die Anerkennung von außen weder unser Antrieb noch unser Ziel sein.

Eine weit verbreitete Ansicht ist, dass Freude mit Leichtigkeit verbunden sei. Die schlechte Nachricht lautet: Im Gegenteil! Lebensfreude ist eine große Herausforderung. Denn Liebe gibt es nur zu hundert Prozent. Wenn du einen Menschen liebst, liebst du ihn ganz, mit allen Ecken und Kanten. So verhält es sich auch mit der Liebe zum Leben. Sie umfasst nicht nur die schönen und angenehmen Momente des Lebens, sondern auch die schweren und traurigen.

Nicht alles im Leben muss mühelos sein; manches erfordert Anstrengung. Die aufgebrachte Mühe jedoch drückt die Wertschätzung für das aus, was man tut und für wen man es tut. Sie ist zugleich ein Zeichen der Wertschätzung für sich selbst.

So wie ein Muskel den Widerstand braucht, um zu wachsen, so braucht auch unsere Seele Widerstände, um sich weiterentwickeln zu können. Für viele klingt der Begriff Widerstand negativ, in diesem Kontext ist er positiv gemeint. Der Widerstand für körperliche Muskeln sind Gewichte, beispielsweise in Form einer Hantel, der Widerstand für die Seele ist eine Lebensaufgabe, die uns herausfordert.

Oft höre ich als erstrebenswertes Ziel das Erlangen von innerer Freiheit und Leichtigkeit: Freiheit von Sorgen und Ängsten, Leichtigkeit statt Erschwernisse im Alltag. Doch, um beim Beispiel des Krafttrainings zu bleiben, muss ein Gewicht schwer sein, um den Muskel herauszufordern. Krafttraining ist keine Wellness, und unsere Lebensaufgabe ist keine Oase der Bequemlichkeit.

Bei meinen Aufenthalten in Jerusalem übernachte ich im St. Charles Gästehaus der Borromäerinnen. Neben dem Gästehaus betreiben die Nonnen einen Kindergarten für muslimische Mädchen aus Ost Jerusalem. Ein christlicher Kindergarten im jüdischen Viertel für muslime Kinder, besser geht es nicht.

130 Kinder werden dort derzeit betreut und unterrichtet. In Israel gilt das britische Schulsystem, den Kindern wird bereits im Kindergarten lesen, schreiben und rechnen beigebracht, bevor sie eingeschult werden. Dazu

Spiele und Bewegung, alles, was Kinder in einem Kindergarten erleben wollen. Die Borromäerinnen haben gut zu tun, sie müssen jedes Jahr die Lizenz beim israelischen Erziehungsministerium erneuern und alle Auflagen der Ministerien für Gesundheit und Sicherheit erfüllen. Auch die Finanzierung ist nicht einfach. Nicht alle Eltern können die Gebühr bezahlen. Die Nonnen sind deshalb auf Spenden angewiesen. Auch die Unterhaltung des Gästehauses ist keine leichte Aufgabe.

Die Herausforderungen für die Klosterfrauen sind groß. Unterforderung ist ein Begriff, den sie nicht kennen.

Und auch die Kinder in dem Kindergarten dürfen sich nicht unterfordert fühlen. Sie müssen selbst täglich über ihre Grenzen gehen, um weiterhin lesen, schreiben und rechnen zu lernen. So wie wir alle in der Zeit unserer Ausbildung auch.

Eine latente Überforderung ist auch in unserem Erwachsenenleben besser als eine chronische Unterforderung. Ruhezeiten sind okay, aber kein Dauerzustand. Lebensfreude braucht Gewichte, die sie in die Höhe heben kann! Jede Idee muss durch ein Fegefeuer gehen, um lebensfähig zu sein!

In den Worten von Jesus: "Selig sind, die um der Gerechtigkeit willen verfolgt werden, denn ihnen ist das Himmelreich."

Als ich im August 2019 auf dem Berg der Seligpreisungen stand, wurde mir klar, dass diese Seligpreisung nicht nur ein mutmachendes Versprechen, sondern eine Notwendigkeit ist. Jeder Mensch muss einmal in seinem Leben solche Verfolgung erfahren, denn dies ist unverzichtbar für den seelischen Wachstumsprozess. Diese Erkenntnis war neu für mich, da ich mich zuvor nie intensiv mit dieser Seligpreisung beschäftigt hatte. Als ich den Berg verließ, wusste ich, dass ich niemals aufhören würde, meinen Weg weiterzugehen. Noch mehr: Ich bin bereit, für meine Wahrheit zu kämpfen.

Gerechtigkeit war offensichtlich ein zentrales Anliegen Jesu, da der Begriff in zwei der Seligpreisungen in der Bergpredigt vorkommt. Diese Seligpreisungen sind eine Sammlung authentischer Worte Jesu, sowohl inhaltlich als auch, weil sie tatsächlich von ihm gesprochen wurden. Es gibt wissenschaftliche Diskussionen darüber, was Jesus tatsächlich gesagt hat und was später hinzugefügt wurde. Doch es gilt als gesichert, dass die Seligpreisungen zu den von Jesus tatsächlich gesprochenen Worten gehören.

In Band 2 meiner Werke verkündete ich, dass ich kein weiteres Buch schreiben werde, um mich vollständig auf meine Vorträge und Seminare zu konzentrieren. Zu dieser Zeit schien meine 'alte' Dalmanuta-Welt stabil zu sein. Doch kaum war mein - vermeintlich letztes - Buch auf dem Markt, traten die Veränderungen ein.

Es begann mit der Schließung des Hotels, das 20 Jahre lang als Ort meiner Seminare diente. Ich musste einen neuen Ort finden, was auch meinen Abschied von der Kirche in Schillig bedeutete. Im November 2019 leitete ich dort mein letztes Seminar. Zum letzten Mal führte ich meine Gruppe am Samstagabend in die Kirche St. Marien. Glücklicherweise fand sich eine neue Location, sodass die Seminare nahtlos weitergehen konnten. Momentan finden meine Seminare im Westerwald statt, nicht weit entfernt vom Ort, an dem 1996 meine 'spirituelle Karriere' ihren Anfang nahm. Man könnte sagen, ich kehre zu meinen Wurzeln zurück.

Ich werde mich davor hüten, wieder zu verkünden, nach diesem kein weiteres Buch mehr zu schreiben. Im Gegenteil: Die nächste Idee ist vorhanden. Ich habe eine andere Konsequenz gezogen und meine Absicht, mein Vertrauen und mein Versprechen bezüglich meiner Arbeit formuliert:

Meine Absicht ist, weiterzuarbeiten.
Mein Vertrauen ist, dass ich weiterhin die Möglichkeit dazu habe.

Mein Versprechen ist, dass ich nicht aufhören werde, solange es möglich ist.

Mit anderen Worten: Ich werde an meinem Platz bleiben und meine Mission erfüllen!

Eine Frau hat ein besonders gutes Verhältnis zu ihrem Schwiegervater. Nach 20 Jahren Ehe will sie sich von seinem Sohn scheiden lassen. Sie möchte jedoch nicht, dass der Schwiegervater, mit dem sie sich mehrfach im Monat trifft und der auch die Familie oft finanziell unterstützt hat, dies von Dritter Seite oder von dem Sohn selbst erfährt. Stattdessen möchte sie es ihm selbst sagen. Sie hat sich entschieden, dass die Ehe keinen Fortbestand mehr hat, und sie möchte sich trennen. Die beiden treffen sich in einem Café. Nach einiger Zeit des Smalltalks erzählt sie, dass sie sich von seinem Sohn trennen möchte und sagt: 'Ich möchte dir die Gründe dafür sagen, für meine Entscheidung.' Der Schwiegervater sagt: 'Stopp, du musst mir keine Gründe sagen. Nach 20 Jahren Ehe hat man genug Gründe, sich zu trennen. Du brauchst Gründe, um zu bleiben.'

Und genauso ist es auch mit dem Leben und den anderen Bereichen des Lebens. Nach 20 Jahren in deinem Beruf hat man genug Gründe, um zu gehen. Du brauchst Gründe, um zu bleiben. Auch im Leben selbst.

Eine Teilnehmerin von mir erzählte von dem Suizid ihres Mannes. Sie sagte, dass sie danach damals am liebsten auch ihrem Leben ein Ende gesetzt hätte. Die große Liebe ihres Lebens hatte sich umgebracht. Aber ich konnte es nicht tun', sagte sie unter Tränen im Seminar. 'Der Hund', sagte sie und zog ein Bild aus der Tasche von einem wunderschönen großen Hund. Das Bild ging die Runde durch alle Teilnehmer. Alle lächelten. Der Hund war der Grund, warum sie beschlossen hat, in diesem Leben zu bleiben.

Während seiner Ausbildung zum Meditationslehrer sagte Bernd: 'Wenn es dir nicht gut geht und du emotional am Boden liegst, musst du zweierlei tun: Haltung annehmen und loslassen! Und dann aufstehen und weitergehen!'

In einer Krise gibt es keinen Schalter, den man einfach umlegen kann, um schnell daraus herauszukommen. Der Weg heraus führt durch die Entscheidung, diesen Weg gehen zu wollen.

Während eines Seminars äußerte der Dalmanuta Lehrer Wolfgang Schneider einmal: 'Wenn du in einem tiefen Loch steckst, musst du aufhören zu graben!'

Nachdem man sich für den Ausweg entschieden hat, führt der Weg langsam nach oben. Dieser Prozess darf nicht überstürzt werden, ähnlich wie beim Aufstieg eines Tiefseetauchers. Steigt er zu schnell aus der Tiefe des Wassers auf, riskiert er sein Leben.

Auch unser ICH ist langsam aufgestiegen, von der Tiefe der Unbewusstheit in das Licht der Bewusstheit.

So wie sich das körperliche Leben auf der Erde ständig weiterentwickelt, unterliegt auch das geistige Bewusstsein einer Evolution. Evolution ist ein Ausdruck des Gesetzes der Werterfüllung: Alles wird zu dem, wozu es bestimmt ist. Dieser Prozess ist fließend und unaufhörlich. Deshalb sind Klassifizierungen immer grob und unvollständig. Das gilt auch für meine Beschreibung der sieben Bewusstseinsstufen. Man möge sie daher mehr als Gleichnis und weniger als Dogma betrachten.

Chaotische Unbewusstheit

Ich-hafte Abgrenzung

Ich-hafte Erweiterung

Selbstfindung

Selbstwerdung

Vereinigung

Einheit

Zu Beginn existiert das ICH, ohne dass es sich seiner Existenz bewusst ist. Es ist ein Gewahrsein ohne Identität und Klarheit. Es erfährt seine Existenz in der Einheit von Allem, was ist, ohne sich seiner selbst bewusst zu sein.

Auf der zweiten Stufe erwacht das ICH und erkennt, dass es da ist: Ich bin ich! Dabei definiert es sich durch die Abgrenzung zu anderen. Das ICH benötigt die Trennung zum DU für die Empfindung der eigenen Identität. Das erwachte Bewusstsein muss seine Grenzen verteidigen.

Auf der dritten Stufe erkennt das ICH, dass es ohne andere nicht existieren kann. Es entsteht das Bedürfnis nach Kontakt und die Sehnsucht nach Geborgenheit innerhalb einer Gruppe, beispielsweise einer Familie. Das ICH erweitert seine Identität. Zu dem ICH gesellt sich das WIR.

Auf der vierten Stufe stellt das ICH seine Identität in Frage. Es erkennt, dass es etwas anderes ist als die Geschichte, die es über sich selbst erzählt. Es erkennt, dass es mehr ist als die Zugehörigkeit zu einer Gruppe. Nun macht sich das ICH auf die lange Suche nach sich selbst.

Nach dem Finden kommt das Werden. Das ICH will das Selbst verwirklichen, das es gefunden hat. Nun muss es sich zeigen und dementsprechend aushalten, auch voll und ganz gesehen zu werden. Nichts kann mehr unterdrückt, nichts mehr versteckt, nichts mehr verborgen werden. Das ICH muss den Weg der eigenen Wahrheit gehen und den Versuchungen der Anpassung widerstehen.

Auf der Stufe der Vereinigung feiert das ICH Hochzeit mit dem Leben. Es verbindet sich mit all dem, was es bislang als getrennt von sich betrachtet hat. Diese Stufe ist das, was in spirituellen Traditionen "Erleuchtung" genannt wird. Das innere Licht strahlt wie nie zuvor. Was im Verborgenen lag, ist nun offensichtlich. Jede Trennung ist Illusion. Die Vorstellungen von Ende, Trennung und Identität sind endgültig gefallen. Der freie Blick auf das, was wirklich ist, ist nun die Erfahrungswelt des ICH.

Die Stufe der Einheit ist das "All-Ein-Sein". Das ICH fühlt sich nicht nur verbunden mit allem, was ist, es fühlt sich als Alles, was ist! Auf dieser siebten Stufe sieht das ICH sich um und erkennt, dass es sich immer noch auf der ersten Stufe befindet. Es begreift, dass auch die Trennung der Stufen nur eine Illusion ist. In Wahrheit hat die Reise nie begonnen und wird niemals enden. Es ist die totale Erfahrung der Ewigkeit - ohne Anfang und ohne Ende.

Stell dir vor, du hast ein paar freie Tage genutzt, um allein wegzufahren und ein wenig auszuspannen. Irgendein guter Freund oder eine gute Freundin hat dir ein Haus zur Verfügung gestellt. Es ist ein schönes Haus mit einer großen Terrasse vor der Eingangstür. Auf der Terrasse befindet sich eine Bank, auf der du deinen Gedanken nachgehen kannst. Und wenn du dort sitzt, fällt dein Blick direkt auf einen großen, prächtigen Baum, der vor dem Haus auf der anderen Seite des Weges steht.

Und jetzt sitzt du auf der Bank und betrachtest deinen Baum. Mache dir bewusst, dass er für die nächsten Minuten dein Lehrer sein wird. Höre zu, was er dir ohne Worte, nur durch seine Kraft, seine Gefühle und seine Gedanken zu sagen hat:

"Meine liebe Freundin, mein lieber Freund. Ich bin dein Baum der Erkenntnis. Zu Anbeginn allen Seins befandest du dich in großer Geborgenheit göttlicher Liebe. Du hattest keine Sorgen, keine Probleme, auch hattest du keinen Körper, der dich einschränkte. Du warst nichts anderes als dein Gefühl, ein Gefühl der Geborgenheit, Freude und Liebe.

Eines Tages, nach langer Zeit, blitzte in dir ein Gedanke auf, eine Frage, kur nur, aber so heftig, dass sie dich nicht mehr losließ:

"Was ist das, was mich fühlen lässt?
Was ist das, was mich denken lässt?
Was ist das, was mich leben lässt?
Wer bin ich?"

Als du damals, vor langer, langer Zeit, diese Frage stelltest, hast du mich, den Baum der Erkenntnis, zum ersten Mal bemerkt. Ich war zwar die ganze Zeit vor deinen Augen, aber gesehen hast du mich erst in dem Moment, als in dir der Gedanke aufblitzte. An diesem Tag wurde ich dein Lehrer. Denn wer bittet, dem wird gegeben, und wer anklopft, dem wird aufgetan. Ich lud dich ein, von mir zu kosten.

Als du mich fragtest, wer du bist, sagte ich dir, dass du ALLES bist und dass du ein Teil des Göttlichen bist.

Gott erschafft nach seinem Willen, und deshalb gab ich dir - in diesem Augenblick - den freien Willen. Ab jetzt musstest du selbst entscheiden. Dein freier Wille ermöglichte dir nun die Macht der Entscheidung. Doch gleichzeitig musstest du lernen, mit dieser Macht gut umzugehen, denn mit der Macht der Entscheidung hattest du auch die Verantwortung für die Folgen.

Und da der einzige Weg, Verantwortung zu lernen, der ist, die Folgen seiner Entscheidungen selbst zu spüren, musstest du hinunter in die Welt von

Zeit und Raum, die Welt von Geburt und Tod, die Welt von Ursache und Wirkung.

In diesem Moment begann für dich der Kreislauf der Verkörperungen. Zuvor warst du geborgen, es war für dich gesorgt, du brauchtest dich um nichts zu kümmern. Du warst im Paradies. Doch mit der Erkenntnis des freien Willens kam es zur Vertreibung.

Seit der Vertreibung aus dem Paradies erfährst du am eigenen Leib die Bedeutung des Satzes: "Dein Wille geschehe, wie im Himmel, so auf Erden."

Der Himmel ist dein Bewusstsein, deine Seele, dein göttlicher Funke. Und hier, in deinem Bewusstsein, triffst du deine Entscheidungen. Die Wirkung deiner Entscheidungen erfährst du dann in den Situationen deines Lebens auf der Erde.

Eines Tages, wenn du deine wahre Größe und deine wahre Macht erkannt hast, wenn du begriffen hast, wer du wirklich bist, wirst du als verlorene Tochter und verlorener Sohn in das Paradies zurückkehren

Doch dann bist du nicht mehr nur ein Gefühl der Geborgenheit und Liebe, dann bist du mehr, denn dann bist du dir deiner Göttlichkeit bewusst. Und in diesem Moment wirst du erkennen, dass du das Paradies in Wahrheit nie verlassen hast.

Dies ist die Botschaft, die ich, dein Baum der Erkenntnis, dir heute zu sagen hatte."

Immer noch sitzt du auf der Bank vor dem Haus und schaust auf den Baum.

Und nun mach dir klar, dass dieser Baum vor deinem inneren Auge dir irgendwann in deinem äußeren Leben begegnen wird. Und dann erinnere dich:

Es ist dein Baum der Erkenntnis, wie im Himmel, so auf Erden.

Mein "Baum der Erkenntnis" in der sichtbaren Welt befindet sich in Kafernaum am See Genezareth. Wie bereits an anderer Stelle gesagt, ist er die Vorlage für das Motiv des Covers dieses Buches. Wenn möglich, besuche ich ihn zweimal im Jahr während meinen Reisen nach Israel.

Meine erste Station nach der Ankunft in diesem wunderbaren Land ist immer das Gästehaus St. Charles in Jerusalem. Solltest du, lieber Leser, eine Reise nach Jerusalem planen, dann empfehle ich dir, dort zu übernachten.

Im Sommer 2015 lernte ich Schwester Gabriela in Jerusalem kennen. Zu dieser Zeit war sie Novizin im St. Charles Convent der Barmherzigen Schwestern vom hl. Karl Borromäus. Sie hatte ihr altes Leben in Deutschland aufgegeben, ihre Verlobung gelöst und ihre berufliche Karriere beendet, um sich dem Orden anzuschließen. Mit einem Doktortitel in Theologie und als ehemalige Vizepräsidentin des deutschen katholischen Frauenbundes kümmert sie sich nun um das Gästehaus und den Kindergarten.

Schwester Gabriela strahlt Charisma aus. Ihre Freude und Zuversicht machen sie zu einem 'menschlichen' Leuchtturm, wie ich es an anderer Stelle beschrieben habe. Sie hat für jeden Gast ein Lächeln und ein aufmunterndes Wort. Für die Kinder im Kindergarten ist sie eine liebevolle Autorität.

Inzwischen hat sie ihre ewige Profess abgelegt und somit endgültig entschieden, ihr Leben den Gelübden des Ordens zu widmen. Sie ist gekommen, hat Platz genommen und wird bleiben.

Die beiden zentralen Gelübde des Ordens sind Barmherzigkeit und Beständigkeit.

Die Geschichte des Ordens geht auf das Wirken von Josef Chauvenel zurück, einem Juristen und Apotheker. Sein Leben war den Armen und Kranken gewidmet. Er starb 1648 an einer Infektion, während er Pestkranke pflegte. Nach seinem Tod gründete sein Vater Emanuel ein 'Haus der Barmherzigkeit', den Beginn der Borromäerinnen.

Ein Leitsatz des Ordens stammt aus dem Johannesevangelium: "Es gibt keine größere Liebe, als wenn einer sein Leben für seine Freunde hingibt."

Bei meinem letzten Besuch im Sommer 2023 fragte Schwester Gabriela beim Abschied, ob ich ein neues Buch schreiben würde. Ich verneinte und verwies auf unseren Verlag, der darauf abzielt, neue Autoren zu fördern. Unser Ziel ist nicht der Profit, sondern die Freude der Autoren, wenn sie ihr eigenes Buch in den Händen halten. Qualität ist selbstverständlich wichtig. Autoren müssen darlegen, wer das Buch lesen soll, warum es gelesen werden sollte und aus welchem Grund sie es geschrieben haben. Ähnlich wie alle Dalmanuta-Projekte und der Förderverein für den Kindergarten arbeitet auch der Verlag ehrenamtlich und in Richtung Unterstützung. Da ich nicht nur auf Kapitelüberschriften, sondern auch auf eine extra Seite der Danksagung verzichte, möchte ich an dieser Stelle stellvertretend für alle Mitarbeitenden Wolfgang Schneider danken, der sich als technischer Leiter des Verlages um den Satz und das Lektorat gekümmert hat. Wolfgang ist dafür verantwortlich, dass dieses Buch zu dem geworden ist, was es ist.

Auf dem Rückflug nach Deutschland entschied ich mich, auf die Frage von Schwester Gabriela zu antworten und ein weiteres Buch zu schreiben, das, was du - hoffentlich immer noch - in Händen hältst. Anfangs wusste ich nicht, welchen Inhalt es haben würde, doch nun weiß ich es und du auch. Das Buch ist zu dem geworden, wozu es bestimmt war, und das Gesetz der Werterfüllung hat sich erfüllt.

Am Ende eines jeden Seminars frage ich die Teilnehmer: 'Welche Konsequenzen ziehst du aus diesen Tagen?' Wenn du keine Konsequenzen aus diesem Wochenende ziehst, dann waren die Tage umsonst. Dann war das hier Wellness. Und ich bin nicht hier, um Wellness-Seminare zu veranstalten.

Um Missverständnisse zu vermeiden: Ich habe nichts gegen Wellness- oder Entspannungsseminare. Im Gegenteil, ich schätze es, dass solche Angebote existieren. Allerdings gibt es Lehrer, die für solche Zwecke besser geeignet sind als ich.

Daher stelle ich dir nun auch die Frage: Welche Konsequenzen ziehst du aus diesem Buch? Was ist deine Absicht? Dein Vertrauen? Dein Versprechen?

Zum Abschluss möchte ich dir sechs Tools mit auf den Weg geben:

1. *Beschreibe nie den Zustand. Achte nur auf das, was du tun willst!*
2. *Formuliere kein Ziel, sondern bestimme die Richtung!*
3. *Erkenne deine Absicht. Frage dich: "Was ist meine Mission?"*
4. *Sei eine Autorität. Übernehme die Verantwortung für dein Leben.*
5. *Erteile dir jeden Tag die Erlaubnis, glücklich sein zu dürfen.*

Tool sechs folgt als letzter Satz in diesem Buch.

Bevor ich begann, das Manuskript zu schreiben, wusste ich bereits, welche die letzten Worte des fertigen Buches sein werden. Überbracht wurden sie von Stephanie Erikson, einer Dalmanuta-Lehrerin aus Eschede. Als ich zu einem Vortrag in der Nähe war, schenkte sie mir einen Schlüsselanhänger aus Leder, darauf gedruckt fünf Worte. Diese fünf Worte beschreiben kurz und prägnant die Essenz der Botschaft dieses Buches. Sie sind zugleich ein Auftrag für dich, für mich, für uns alle, die wir gemeinsam auf dieser Erde leben:

UND VERGISS DIE LIEBE NICHT!

LINKS

Eine Linkliste der Lehrer findet Ihr auf meiner Seite

www.dalmanuta-prinzip.de

Dort gibt es auch Informationen zu den Seminaren, zu den Meditationsabenden in Duisburg, zu der Lehrerausbildung und zu den Vorträgen.

Informationen zu unserem Dalmanuta Verlag findet hier auf der Homepage

www.dalmanuta-Verlag.de

Die Projektseite für den Förderverein des St. Charles Kindergartens in Jerusalem ist

www.dalmanuta-prinzip-projekte.com

Weitere Bücher von Peter Michael Dieckmann

Erschienen im Goldmann Verlag

Wenn zwei sich treffen in meinem Namen
Gespräche mit JJ
ISBN 3442337232
2004

Ich bin berührt -
Reiki oder die Schule des Lebens
ISBN 3442218071
2008

Bodybuilding für die Seele
Training unserer spirituellen und emotionalen
Fähigkeiten
ISBN: 3442219248
2010

Kampfkunst des Herzens
Wie wir emotionale Angriffe ins Positive verwandeln
ISBN: 3442220270
2013

Die Kunst der achtsamen Schutzgelderpressung
Was Yogis und Mafiosi voneinander lernen können
ISBN: 3442220467
2014

Drei Schlüssel zur Vergebung
Mit dem Dalmanuta-Prinzip emotionale Verletzungen
heilen
ISBN: 3442221196
2016

Weitere Bücher von Peter Michael Dieckmann

Erschienen im Verlag „tredition"

Das Dalmanuta Prinzip
Band I
Vom Beginn und von der Liebe
ISBN: 978-3-7469-2728-2 (Paperback)
        978-3-7469-2885-2 (e-Book)
        2018

Das Dalmanuta Prinzip
Band II
Vom Glauben, Sinn und Lebensauftrag
ISBN: 978-3-7482-4815-6 (Paperback)
        978-3-7482-4817-0 (e-Book)
        2019